Kevin Njeru
Wilkister Dinda
Ambrose Kinyanjui

Uma abordagem orientada para os sistemas de informação para a vantagem competitiva

Kevin Njeru
Wilkister Dinda
Ambrose Kinyanjui

Uma abordagem orientada para os sistemas de informação para a vantagem competitiva

ScienciaScripts

Imprint
Any brand names and product names mentioned in this book are subject to trademark, brand or patent protection and are trademarks or registered trademarks of their respective holders. The use of brand names, product names, common names, trade names, product descriptions etc. even without a particular marking in this work is in no way to be construed to mean that such names may be regarded as unrestricted in respect of trademark and brand protection legislation and could thus be used by anyone.

Cover image: www.ingimage.com

This book is a translation from the original published under ISBN 978-3-659-88800-7.

Publisher:
Sciencia Scripts
is a trademark of
Dodo Books Indian Ocean Ltd. and OmniScriptum S.R.L publishing group

120 High Road, East Finchley, London, N2 9ED, United Kingdom
Str. Armeneasca 28/1, office 1, Chisinau MD-2012, Republic of Moldova, Europe
Managing Directors: Ieva Konstantinova, Victoria Ursu
info@omniscriptum.com

Printed at: see last page
ISBN: 978-620-8-55840-6

Descobrir o significado oculto na empresa
Sistemas de informação

Índice

Sobre os autores

Njeru Mwiti Kevin é licenciado em Ciências da Computação pela Universidade de Gretsa e tem um mestrado em TI pela Universidade do Monte Quénia. IT pela Universidade do Monte Quénia. Publicou artigos em revistas especializadas e apresentou vários trabalhos de investigação em conferências internacionais sobre sistemas de informação ecológicos (SI ecológicos), estratégia competitiva, alinhamento TI/SI e segurança cibernética. É membro da Sociedade de Informática do Quénia (CSK). Leccionou em várias universidades e faculdades do Quénia, incluindo a Universidade do Monte Quénia, o Excel Institute of Professionals, a Star College of Management Studies e a Zetech University, no Quénia.

O Sr. Michael Nyoro obteve o seu Msc. IT pela Universidade do Monte Quénia e um Bsc. Informática e Tecnologia da Universidade de Maseno. Tem estado envolvido em trabalhos de investigação em estudos relacionados com o comércio eletrónico, participou em várias conferências internacionais e fez publicações sobre a adoção do comércio eletrónico. Atualmente, é responsável por exames, tutor e mentor de estudantes na Universidade do Monte Quénia, no Quénia.

Wilkister Atieno Dinda é professora na Universidade do Monte Quénia, no departamento de tecnologia da informação. Tem um mestrado em Gestão de Administração de Empresas pela Universidade de Nairobi e um Bsc. É atualmente aluna do segundo ano de doutoramento na Universidade do Monte Quénia e tem grande interesse em engenharia de software, sistemas de informação de gestão, sistemas de informação contabilística e gestão de operações. Apresentou trabalhos em várias conferências sobre áreas relacionadas com a gestão de sistemas de informação e estratégia.

Ambrose Kinyanjui Muchonjo é um instrutor de TIC do TSC e tutor na escola secundária Gatura Girls, no Quénia. Tem um mestrado em Tecnologias da Informação pela Universidade do Monte Quénia e uma licenciatura em Ciências da Computação pela Universidade de Maseno. Os seus interesses de investigação incluem: Ciberespaço e segurança da Internet, redes informáticas e segurança, sistemas de informação, bases de dados, inteligência empresarial, TIC e sociedade, desenvolvimento de aplicações móveis e Web.

Munyi Felister Wanyaga é professora no Instituto de Formação Técnica de Thika. Tem um Mestrado em Tecnologias da Informação. Contribuiu significativamente para o desenvolvimento de um currículo para marítimos no Instituto de Desenvolvimento Curricular do Quénia (KICD), em colaboração com a Autoridade Marítima do Quénia (KMA), tendo publicado artigos sobre TI e apresentado uma série de comunicações em conferências internacionais. Os seus interesses de investigação centram-se principalmente na cibersegurança, computação em nuvem, dados obscuros, tecnologia na educação e sistemas de informação.

David Kibaara obteve o seu mestrado em Gestão de Negócios Electrónicos na Universidade de Warwick (Reino Unido) e é atualmente um estudante do segundo ano de doutoramento na Universidade da África do Sul (UNISA). Publicou artigos na área dos sistemas de informação e foi professor em várias universidades do Quénia.

É membro ativo do Institute for the Management Information Systems (IMIS) e da Association of chartered public Accountants (ACCA)

Alexander Muriithi Njoroge é professor na Universidade do Monte Quénia. Tem um mestrado em Ciências da Computação pela Universidade de Nairobi. Tem uma licenciatura em Ciências Informáticas pela Universidade de Nairobi e já leccionou em várias universidades do Quénia. Trabalhou com diferentes empresas no sector das TIC, principalmente em: implementação de ERP, gestão de bases de dados e manutenção de segurança.

Editores

Este livro foi revisto e editado por;

Prof. Geoffrey Muchiri

Diretor da Escola de Informática e Tecnologia,

Universidade de Tecnologia de Murang'a

Lucy Nyambura Muriithi

Diretor do Departamento de Tecnologias da Informação, Chania Institute of Management

Sr. Njagi Muriithi Kevin, Msc

Professor, Escola de Computação, Ciência e Informática

Universidade do Monte Quénia

Agradecimentos

Em primeiro lugar, dou graças a Deus pela sua graça, boa saúde e pela sua orientação na redação deste livro.

Geoffrey Muchiri, reitor da escola de informática da Universidade de Tecnologia de Murang'a; ao Prof. Gregory Wanyembi, diretor dos programas de TI da Universidade do Monte Quénia e ao Dr. Cyrus Makori Abanti, reitor da Escola de Ciências, Computação e Informática da Universidade do Monte Quénia, pela sua orientação profissional na elaboração do conteúdo deste livro. Um agradecimento sincero a John Kamau, HOD, Universidade do Monte Quénia, departamento de TI, pelo seu encorajamento, apoio académico e motivação durante a redação do livro.

Agradecemos à Universidade do Monte Quénia por ter permitido a utilização sem restrições dos recursos da instituição durante todo o processo de redação do livro.

Por último, mas não menos importante, a minha sincera gratidão aos meus amigos e colegas Peter Makenzie, Linda Sawe, Lucy Muriithi, Elena Mwai, Mberia Evans, Catherine Wanjiru e muitos outros da Universidade do Monte Quénia pelas suas ideias e apoio durante todo o processo.

Dedicação

Este livro é uma dedicatória à minha querida mãe, Harriet Kageni Ngere, pelo seu apoio inquestionável ao meu trabalho académico.

CAPÍTULO 1

INTRODUÇÃO

Discussão dos principais conceitos de estratégia

Os sistemas de informação (SI) tornaram-se cada vez mais importantes nos dias de hoje. As empresas e a indústria estão a utilizar cada vez mais os SI para melhorar a sua competitividade num mercado cada vez mais dinâmico. O papel dos sistemas de informação como armas competitivas tem vindo a crescer enormemente ao longo do tempo. Atualmente, em praticamente todas as operações comerciais, os sistemas de informação (SI) são uma componente essencial e indispensável, controlando quase todos os processos e dispositivos de todas as organizações. Desde veículos, máquinas, processos de fabrico e sistemas de processamento de transacções, os sistemas de informação estão envolvidos na execução de todas as actividades empresariais.

As tecnologias da informação (TI) foram integradas em todos os aspectos funcionais das organizações empresariais actuais. Desde o fabrico, vendas e marketing, recursos humanos, contabilidade, finanças, design e engenharia, as TI desempenham um papel essencial no desempenho destas funções organizacionais vitais. A integração das TI tem trazido grandes benefícios para todas as organizações que desenvolveram estratégias eficazes para tirar partido deste desenvolvimento tecnológico. A sociedade também beneficiou muito com os avanços tecnológicos e as mudanças emergentes nas tendências tecnológicas. O custo da comunicação reduziu-se gradualmente nas últimas duas décadas, o mesmo acontecendo com o custo da atividade empresarial. Mais ainda, o nível de interação entre indivíduos, empresas e comunidades aumentou consideravelmente.

Para a sociedade, a prestação de serviços governamentais aos seus cidadãos tornou-se fácil e eficiente. Um exemplo disso é a iniciativa Huduma Kenya, um projeto que integra até 44 serviços públicos de diferentes agências governamentais e os oferece numa única janela, num processo contínuo e eficiente. Além disso, a interação entre os cidadãos e as instituições governamentais foi facilitada através da disponibilização de canais de comunicação eficazes e interactivos.

Isto não só conduziu a melhores serviços para a sociedade, como também a uma resposta rápida e eficaz às necessidades da sociedade.

O desafio TI/SI

A integração das funções empresariais tem tido os seus próprios desafios. A empresa digital de hoje é mais vulnerável do que antes. As complexidades das TI e o facto de estas permearem todos os níveis da empresa deixam as organizações mais vulneráveis do que nunca aos riscos inerentes ao acesso remoto e aos desafios do processamento e gestão da vasta quantidade de dados detidos pelos

SI. Os eventos com impacto nas TI, que anteriormente podiam ser contidos pelo departamento de TI, afectam agora toda a empresa.

O risco de perda de dados, de corrupção de dados e de informação e o facto de o âmbito do negócio se estender agora para além da demarcação física das empresas e organizações torna estas organizações mais vulneráveis à fraude e à sabotagem económica do que nunca. Estes riscos, se não forem bem geridos, podem impedir uma organização de atingir as suas metas e objectivos empresariais. Por exemplo, estima-se que, só no ano de 2015, os quenianos perderam cerca de 15 mil milhões de Ksh através da cibercriminalidade. Num caso, dois bancos perderam cerca de 2 mil milhões de Ksh só durante as férias da Páscoa de 2015. Esta informação nunca foi divulgada pelos meios de comunicação social por receio do impacto que teria no banco e da ameaça de levantamentos de pânico. De acordo com o relatório de cibersegurança, a maioria destes ataques a sistemas veio dos EUA e da China, ao contrário do que aconteceu em 2014, quando os ataques aos sistemas quenianos tiveram origem na Alemanha e no próprio Quénia. Entre 2013 e 2014, só a pirataria informática de contas bancárias de clientes levou a perdas no valor de 1,49 mil milhões de xelins. No mesmo ano de 2015, 77 cidadãos chineses foram detidos em Nairobi, no Quénia, por suspeita de gerirem um centro de cibercriminalidade com equipamentos capazes de se infiltrarem em contas bancárias, no sistema bancário móvel M-pesa e em caixas automáticas.

Os exemplos acima referidos dão provavelmente uma ideia da forma como as vulnerabilidades dos sistemas informáticos podem ser exploradas em detrimento de uma empresa. Também explicam como os avanços nas TI se tornaram uma grande ameaça para as empresas digitais .

As vulnerabilidades em TI podem, no entanto, ser minimizadas através da adoção de políticas de governação de TI adequadas, contratos com terceiros, criação de centros de dados, acordos de nível de serviço robustos, bem como através da realização de auditorias aos serviços de Internet para combater as ameaças internas. As auditorias aos serviços de Internet são intrinsecamente essenciais, tendo em conta que muitas das vulnerabilidades dos sistemas são identificadas por funcionários que, normalmente, estabelecem contactos com criminosos externos à empresa para explorar essas vulnerabilidades. Significa, portanto, que controlar o pessoal da organização é um passo importante para proteger os sistemas e os dados da organização. Isto não é fácil, principalmente porque, a longo prazo, os funcionários têm de ter acesso ao sistema; isto significa que a maior ameaça à segurança dos SI de uma organização reside no seu interior. Isto significa que a maior ameaça à segurança dos SI de uma organização está no seu interior, o que torna necessária uma política de SI eficaz.

Não só as empresas enfrentam desafios na distribuição dos seus sistemas de informação a nível global, como a gestão destes sistemas se torna frequentemente um desafio, sendo o maior receio perder o controlo da empresa. Talvez este receio seja justificado; a dependência dos sistemas de informação como componentes críticos para a tomada de decisões não é uma decisão fácil para as empresas, especialmente num ambiente empresarial sempre dinâmico e competitivo, onde as ameaças de espionagem são reais. As vulnerabilidades desses sistemas seriam, portanto, um golpe fatal para essas empresas, daí a necessidade de estabelecer políticas sólidas em matéria de SI que possam proteger eficazmente os dados de uma empresa.

Sistemas de informação - oportunidades para as empresas

Adoção e utilização dos SI

A Internet facilitou às organizações o desenvolvimento e a implementação de sistemas de informação. Com o crescente aumento da utilização da Internet e a mudança para sistemas baseados na Internet, muitos dos dados recolhidos em todas as partes do mundo através de várias ferramentas, desde câmaras CCTV, telefones inteligentes, sistemas de previsão meteorológica, sistemas empresariais, bancos, sistemas de telecomunicações, dados científicos e biológicos e muito mais, são agora facilmente acessíveis às empresas (inundação de dados). Este facto proporcionou às empresas uma forma ainda mais fácil de aproveitar os dados relevantes para impulsionar a sua agenda competitiva.

Além disso, a mudança para as plataformas de redes sociais proporcionou uma nova arena onde mais dados relativos a indivíduos e organizações são criados e disponibilizados para serem processados pelas organizações. Estes dados, se forem bem explorados, podem ser úteis para fornecer informações competitivas importantes com base nas perspectivas do sector, dos clientes e dos concorrentes.

A Internet e as redes sociais como força competitiva

A criação de marcas nas redes sociais é fundamental para as empresas actuais. Milhões de clientes estão na Internet, onde podem ser facilmente acedidos. A publicidade na Internet é relativamente mais barata e as reacções dos clientes podem ser facilmente recolhidas e exploradas para dar uma resposta de mercado aos produtos de uma empresa. As principais informações sobre a concorrência também podem ser recolhidas na Internet, tornando-a uma componente essencial da inteligência competitiva e uma força competitiva atual.

A maioria dos governos mundiais também transferiu o fornecimento de informações essenciais para a Internet, disponibilizando assim documentos governamentais essenciais à comunidade mundial para acesso e assimilação. As declarações fiscais são agora apresentadas na Internet; os anúncios e concursos públicos são agora publicados em sítios governamentais e nas redes sociais.

O comércio eletrónico e, em particular, o comércio entre empresas e administrações públicas (B2G) tem vindo a aumentar de forma constante. Tudo isto abriu uma nova fronteira para as empresas fazerem negócios. Infelizmente, poucas empresas, especialmente nas economias em desenvolvimento como o Quénia, conseguiram aproveitar plenamente estas oportunidades emergentes. Com a Internet, foram eliminadas as barreiras económicas que dificultavam o comércio intercomunitário, regional e internacional. Mas, apesar disso, os governos têm sido lentos a desenvolver políticas e quadros legislativos que permitam a esta nova fronteira prosperar e assumir a sua posição como um motor económico fundamental. Isto não é uma surpresa porque, durante muito tempo, o governo foi considerado um adotante tardio. Vários governos também parecem ficar para trás, em grande parte devido ao receio do aumento da utilização da Internet e das plataformas de redes sociais e das implicações que isso tem no bem-estar económico das suas economias.

Evolução global das TI

O crescimento crescente da utilização das Tecnologias de

Informação e Comunicação (TIC) teve um impacto tremendo na forma como as organizações vêem, armazenam, processam e manipulam dados para apoiar as suas funções de tomada de decisão. O desenvolvimento de várias ferramentas de captura de dados permitiu que as organizações capturassem e armazenassem dados que anteriormente eram considerados impossíveis e inacessíveis, proporcionando assim uma via onde a informação para a tomada de decisões pode ser facilmente acedida dentro da empresa.

A utilização das ferramentas supramencionadas para captar informações colocou um desafio, na medida em que as organizações têm acesso a uma grande variedade de dados provenientes de várias fontes, dados esses que se apresentam sob uma forma não estruturada, normalmente texto, gráficos, áudio e vídeo, tornando o armazenamento destas informações complexo e o seu processamento ainda mais difícil. Este facto tem colocado desafios ao nível do armazenamento de dados, na medida em que a maioria das organizações dependia tradicionalmente de sistemas de gestão de bases de dados relacionais (RDBMS) para a gestão dos recursos de dados, mas a nova forma de dados da organização não pode ser acomodada nesta estrutura. Esta situação levou à adoção contínua de sistemas de gestão de bases de dados orientados para os objectos (SGBDO).

As várias fontes e estruturas de dados que estão a ser recolhidas pelas empresas também levaram ao crescimento dos dados obscuros. Os dados obscuros podem ser definidos a partir de duas frentes;

i. Dados que as empresas recolhem mas não dispõem de ferramentas ou capacidades para os analisar e utilizar na tomada de decisões. Isto significa, portanto, que esses dados permanecem inúteis para a empresa, apesar de terem um valor inerente oculto que pode ser explorado para obter vantagens competitivas.

ii. Dados que a organização recolhe e armazena mas que não têm relevância competitiva para a empresa. Significa, portanto, que estes dados não têm valor comercial e são, por isso, irrelevantes para a organização, mas custa tempo e dinheiro armazená-los e mantê-los na organização.

O problema dos dados obscuros continua a crescer todos os dias. Com ferramentas avançadas de captura de dados, reduzindo os custos das instalações de armazenamento de dados, bem como o crescimento contínuo da computação omnipresente, milhares de organizações estão a armazenar dados que nem sequer sabem que existem. As oportunidades e o valor comercial residem nas empresas que conseguem identificar estes dados e encontrar formas de os analisar e de os utilizar de forma significativa. Os dados irrelevantes também devem ser eliminados ou não devem ser capturados de todo. Discutimos este assunto em pormenor em

Âmbito do livro

Este livro está dividido em seis áreas: Estratégia de negócio, estratégia corporativa, Big data, Dark data, estratégia e objectivos de SI. O livro analisa os objectivos estratégicos das organizações e destaca as principais áreas em que os sistemas de informação podem ser explorados para maximizar o desempenho das organizações. Em particular, este livro tenta ligar os aspectos estratégicos do negócio e dos sistemas de informação e destaca os benefícios de garantir que, ao desenvolver quaisquer sistemas de informação para as empresas, devemos garantir que estes se alinham com os objectivos gerais da organização. O papel dos SI na condução do desempenho organizacional é também profundamente sublinhado no livro. O livro encoraja a adoção de tecnologias emergentes como um motor competitivo chave e enraíza-se nas organizações para alinhar continuamente a reavaliação das suas estratégias de negócio em relação aos novos desenvolvimentos de TI com o objetivo de identificar as melhores tendências emergentes em SI que podem ser cooptadas para impulsionar o desempenho das empresas.

O livro foi concebido para fornecer uma visão valiosa dos principais aspectos dos sistemas de informação que as organizações têm de compreender quando desenvolvem a sua atividade atualmente. Os sistemas de informação mudaram a forma como as empresas operam e alteraram o marketing e a economia do fornecimento e venda de produtos e serviços. Mais ainda, os SI/TI alteraram toda a estrutura do mercado, abrindo novas vias para a realização de quase todas as funções empresariais; vias que anteriormente não existiam. Poderá alguma empresa ignorar o papel das TI como uma força competitiva fundamental? Este livro procura responder a essa pergunta.

Estrutura do livro

Após a introdução, o livro passa a uma discussão sobre os vários conceitos estratégicos para as empresas. O segundo capítulo apresenta-nos as principais considerações estratégicas que são essenciais para a implementação do objetivo de uma empresa. Este capítulo analisa os vários aspectos críticos para o desempenho de uma empresa relacionados com a estratégia, incluindo uma breve introdução sobre os SI para a vantagem competitiva. O capítulo quatro (Dados obscuros) tenta destacar as formas como as empresas podem ganhar valor com a vasta quantidade de dados que recolhem. Para o efeito, começamos por destacar o conceito de dados obscuros, considerando que se trata de uma área em que pouca investigação tem sido feita; em seguida, analisamos a forma como estes dados podem ser tornados úteis através da utilização de várias ferramentas, como a análise e a extração de dados. O capítulo quatro considera os vários mecanismos que as empresas podem empregar para gerar a inteligência necessária para melhorar a posição competitiva das empresas. Estes incluem a consideração do papel da inteligência empresarial, da inteligência competitiva, da análise e da extração de dados como ferramentas de recolha de informações. O capítulo cinco é uma breve antevisão das vulnerabilidades de uma empresa digital e de como as empresas podem prosperar no meio destes desafios de segurança dos SI.

CAPÍTULO 2

EMERGÊNCIA DA ECONOMIA DIGITAL

Necessidade de sistemas de informação

Uma das maiores transformações no ambiente empresarial atual tem sido o aparecimento e o crescimento dos sistemas de informação. Este facto é claramente captado por [**1**] que opina que "quatro poderosas mudanças mundiais alteraram o ambiente empresarial". Estas mudanças incluem a emergência e o reforço da economia global; a transformação das economias e sociedades industriais em economias de serviços baseadas no conhecimento e na informação; a transformação da empresa comercial e a emergência da empresa digital. Estas mudanças colocam novos desafios às empresas e, por conseguinte, a gestão das organizações deve ser preparada com ferramentas e ideias sobre como prosperar neste novo ambiente empresarial.

Transformações económicas globais

A maioria das economias mundiais está dependente de outros países para as importações e exportações. Atualmente, nenhuma economia é autossuficiente por si só. Desde os materiais têxteis, produtos e serviços, equipamentos de telecomunicações e informáticos, matérias-primas que alimentam as economias desenvolvidas até ao trabalho humano, a interdependência entre as economias mundiais continua a aumentar todos os dias. Além disso, os líderes mundiais passam cada vez mais tempo a discutir acordos comerciais e de investimento , o que reforça a importância crescente do comércio internacional. Há alguns anos, a África, por exemplo, não era considerada tão importante no comércio internacional. Atualmente, a África continua a receber muito mais investimentos estrangeiros diretos (FDA) do que qualquer outro continente. As economias mundiais sofreram grandes transformações.

O desenvolvimento dos sistemas de informação, da computação, da Internet e das telecomunicações reforçou o papel da computação nesta nova era industrial. Os sistemas de informação proporcionam o poder analítico de que as empresas necessitam para efetuar trocas comerciais e gerir os seus negócios à escala global, permitindo-lhes controlar empresas distribuídas a nível mundial. Os sistemas de informação permitem que estas empresas comuniquem com distribuidores e fornecedores que operam 24 horas por dia, 7 dias por semana, em diferentes ambientes nacionais, coordenando as suas equipas de trabalho globais e prestando serviços às equipas de informação locais e internacionais.

Mais importante ainda é o facto de os sistemas de informação permitirem a procura por parte do cliente, por oposição à procura por parte do fabricante. Isto, por sua vez, permitiu a estas organizações poupar nos custos, reduzir os custos de produção e dar a estas empresas a capacidade de personalizar os seus produtos de acordo com as especificações do cliente. Os sistemas de informação são, portanto, fundamentais para as empresas actuais. Nenhuma empresa, grande ou pequena, pode sobreviver sem sistemas de informação. De facto, a capacidade de aproveitar o poder dos sistemas de informação para impulsionar a competitividade de uma empresa é fundamental para melhorar o desempenho financeiro das empresas digitais de hoje.

Transformação da empresa

Ao contrário da empresa tradicional, que se baseava numa gestão bem estruturada e num processo de tomada de decisões, as organizações empresariais actuais enfrentam o desafio de tomar decisões com base em informações geradas em tempo real, pelo que podem ser necessárias decisões rápidas se a empresa tiver de obter uma vantagem competitiva. As estruturas organizacionais tradicionais foram quebradas. O mercado tornou-se mais dinâmico, com a concorrência a crescer mais rapidamente do que nunca. O desafio na gestão das empresas actuais reside no facto de existirem produtos semelhantes disponíveis para os clientes e, na maioria dos casos, estes produtos são comparativamente mais baratos.

O crescimento do comércio eletrónico não facilitou em nada a vida das empresas. Os clientes têm uma vasta gama de produtos à escolha. Isto significa, portanto, que as empresas têm de ser proactivas; o novo gestor baseia-se mais em compromissos informais e em estruturas e redes de tomada de decisões para estabelecer objectivos do que em planeamento formal. Uma abordagem orientada para o cliente é também estabelecida para impulsionar o desempenho organizacional.

Emergência da empresa digital

Uma empresa digital é definida por [**1**] como uma empresa em que quase todos os processos e relações comerciais significativos da empresa com clientes, fornecedores, parceiros comerciais e empregados são activados e mediados digitalmente. De acordo com o dicionário de negócios, um processo empresarial é uma série de actividades ou tarefas logicamente relacionadas, como o planeamento, a produção ou as vendas, realizadas em conjunto para produzir um conjunto definido de resultados. É a forma única como o trabalho é organizado, coordenado e concentrado para produzir um produto ou serviço. O desenvolvimento de um novo produto, o cumprimento de uma encomenda, a contratação de um empregado são exemplos de processos empresariais e a forma como as empresas os realizam pode ser uma fonte de vantagem competitiva. A vantagem competitiva é uma vantagem que uma empresa tem sobre os seus concorrentes, permitindo-lhe gerar maiores vendas ou margens e reter mais clientes do que os seus concorrentes.

Os sistemas de informação tornaram-se uma forte arma competitiva em todas as empresas e indústrias. A sua capacidade de racionalizar os processos empresariais, transformando-os em motores eficazes de competitividade, fez com que surgissem grandes inovações neste domínio, com o objetivo de os integrar em todas as actividades empresariais. Atualmente, as empresas globais mais rentáveis são aquelas que implementaram estrategicamente sistemas de informação nos seus processos empresariais principais.

Desde o fabrico, à conceção e engenharia de produtos, às relações com os clientes, às finanças e contabilidade, aos recursos humanos e a todos os outros sectores, os sistemas de informação assumiram praticamente o controlo. No entanto, existe o receio de que a maioria das empresas, especialmente nas economias emergentes, não tenha sido capaz de tirar partido das capacidades dos sistemas de informação enquanto fator-chave do desempenho da organização.

Os activos organizacionais, a propriedade intelectual, os activos financeiros e humanos são geridos por sistemas de informação numa empresa digital. Todas as informações necessárias para apoiar os principais processos e decisões empresariais estão disponíveis em qualquer altura e em qualquer lugar da empresa. Isto permite que as empresas sintam e respondam ao seu ambiente comercial mais rapidamente do que as empresas tradicionais, dando-lhes mais capacidade para sobreviver a ocorrências comerciais difíceis e imprevistas.

Ao tirar partido dos sistemas de informação para impulsionar o desempenho, as organizações não só permitem e racionalizam o seu trabalho, como também aumentam o seu potencial para atingir níveis sem precedentes de rentabilidade e desempenho no mercado. A capacidade das empresas digitais de se basearem num conjunto de tecnologias de informação como fator-chave para o desempenho é o que as diferencia das empresas tradicionais.

Transição para uma empresa digital

A transição de uma empresa tradicional para uma empresa digital exige conhecimentos, competências e paciência. Os gestores precisam de compreender o seu ambiente operacional, as exigências do mercado, os factores que o impulsionam; os desafios que as suas empresas enfrentam e descobrir as tecnologias que os ajudarão a enfrentar esses desafios, a reorganizar os processos da sua empresa; a adotar

tirar partido da tecnologia e criar os procedimentos e políticas necessários para implementar estas mudanças.

Não existe uma abordagem direta para o fazer: envolve tentativa e erro. É um processo que implica mudanças fundamentais na estrutura da organização, um processo que tornará redundantes algumas posições e criará outras novas. Por este motivo, a transição de uma empresa para uma empresa digital requer uma gestão adequada e um equilíbrio entre os resultados e os custos. O planeamento da forma de lidar com os trabalhadores durante o processo de transição torna-se fundamental para não quebrar a resistência. Por conseguinte, a gestão da mudança torna-se fundamental para uma implementação bem sucedida dos sistemas de informação. Nalguns casos, os empregados podem ser a maior resistência à mudança; a ameaça aos seus empregos é uma grande preocupação.

Os quadros superiores também podem representar outro desafio significativo para a implementação do sistema de informação. O medo da tecnologia, o receio de perder o controlo da organização à medida que se criam novos canais de tomada de decisões, o risco de fracasso dos sistemas digitais são algumas das preocupações críticas dos gestores.

Vantagens dos sistemas de informação empresarial

Os sistemas de informação são muito promissores enquanto elemento-chave de uma empresa e enquanto fator estratégico. Atualmente, os sistemas de informação têm sido amplamente aplicados para influenciar as quatro dimensões de cada empresa: a estrutura da organização, o processo de gestão, a plataforma tecnológica e a capacidade comercial. Os sistemas de informação têm sido utilizados para integrar uma empresa em vários locais geográficos e para criar uma cultura de funcionamento mais uniforme em toda a organização. Por exemplo, através da utilização de software de planeamento de recursos empresariais (ERP), as grandes organizações com vários locais podem ser ligadas e geridas através do mesmo conjunto de software. Isso significa que informações semelhantes são sincronizadas em toda a organização e podem ser recuperadas em tempo real.

As empresas orientadas para os sistemas de informação também podem praticar uma empresa orientada para a procura ou para o cliente. Através da integração dos elementos funcionais da organização, incluindo a conceção e a engenharia, as finanças, o fabrico, a publicidade e o marketing, toda a empresa pode responder de forma mais eficiente aos pedidos de produtos dos clientes, prever novos produtos, personalizar os produtos e construir e entregar os produtos tal como são solicitados.

Uma das áreas em que os sistemas de informação tiveram um grande impacto foi na gestão da cadeia de abastecimento. Ao contrário da empresa tradicional, que se baseava numa organização bem conhecida de pessoas e procedimentos para a entrega de produtos e serviços ao mercado, a nova empresa digital alterou completamente esta situação. O crescimento da Internet e do comércio eletrónico simplificou a cadeia de valor de uma forma sem precedentes. Por definição, a cadeia de valor refere-se a todos os processos envolvidos desde a aquisição de matérias-primas até à entrega de produtos e serviços ao mercado. Mais ainda, a capacidade de as empresas se ligarem diretamente a fornecedores, clientes, fornecedores, fabricantes, distribuidores e retalhistas, estabelecendo uma ligação direta com eles através de sistemas empresariais. Isto elimina os custos associados ao processamento das transacções. Melhora também a eficiência do processamento de transacções e permite a personalização em massa de produtos com base nas necessidades dos clientes.

CAPÍTULO 3

GRANDES DADOS

Introdução

De acordo com [**2**], todos os dias são capturados 16 Petabytes de dados a nível mundial. Tal como citado por [**2**], o McKinsey Global Institute estima que o volume de dados está a crescer 40% por ano e que crescerá 44 vezes entre 2009 e 2020. Por exemplo, só em 2012 foram captados 2,72 Zettabytes (ZB) de dados e este valor continua a duplicar todos os anos até atingir 8 ZB em 2015 [**3**]. Estes argumentos são corroborados por [**4**], que prevê que a quantidade de dados recolhidos irá decuplicar de 4,4 biliões de Gigabytes para 44 biliões de Gigabytes até 2016.

80% destes dados não estão estruturados [**5**]. Isto significa que grande parte dos dados armazenados nas organizações não traz benefícios para a organização no seu estado atual. Para isto [**6**] contribuíram sobretudo a otimização do armazenamento de TI, a migração de sistemas, a obrigação de conformidade e a redução global do custo do armazenamento, o que significa que as organizações podem agora armazenar demasiados dados e de diversas formas a um custo muito baixo. Os avanços nos dispositivos de captura de dados que melhoraram a captura de dados não estruturados, como voz, áudio, vídeo e gráficos, também criaram um grande conjunto de dados dentro e fora das fronteiras organizacionais. Talvez isto seja explicado mais claramente por [**2**] na sua definição de megadados, que descreve os megadados como:

■ Dados empresariais tradicionais: incluem informações sobre os clientes provenientes de sistemas de gestão das relações com os clientes (CRM), dados transaccionais de planeamento de recursos empresariais (ERP), transacções de lojas Web e dados do razão geral.

■ Dados gerados por máquinas/sensores: incluem registos de detalhes de chamadas ("CDR"), weblogs, contadores inteligentes, sensores de fabrico, registos de equipamentos (frequentemente designados por escape digital) e dados de sistemas comerciais.

■ Dados sociais: incluem fluxos de feedback dos clientes, sítios de microblogging como o Twitter e plataformas de redes sociais como o Facebook.

Todas estas são aplicações e fontes de dados revolucionárias que requerem abordagens tecnológicas revolucionárias para explorar e extrair informações significativas. Os grandes volumes de dados representam a confluência da existência de novos tipos de informação disponível, de novas capacidades técnicas e de capacidade de processamento, bem como o desejo e a convicção de que podem ser utilizados para resolver problemas que anteriormente eram impossíveis. Ao mesmo tempo, muitos dos conceitos de grandes volumes de dados não são novos [**7**].

Fundamentos dos dados obscuros

O termo "dark data" foi originalmente criado pela Gartner para se referir a dados inexplorados nas organizações. A Gartner considera que a razão para estes dados inexplorados se deve ao facto de as organizações recolherem e armazenarem dados que não utilizam essencialmente para fins de conformidade, mas que custam tempo e dinheiro para os armazenar e gerir. Estes dados provêm, em grande parte, de dados anteriores de empregados, informações sobre contas, extractos financeiros, correspondência por correio eletrónico, dados brutos de inquéritos, versões antigas de documentos relevantes, apresentações, ficheiros de registo, informações sobre clientes, registos de desempenho de estudantes, detalhes de registo de estudantes, etc. (www.izenda.com/blog). O sítio também define dados obscuros como "dados que anteriormente eram ignorados devido a limitações tecnológicas". Isto significa que existe um grande potencial inexplorado nos dados não utilizados de uma empresa. A complexidade e a amplitude com que os dados chegam às organizações atualmente dificultam o processamento e a obtenção de informações importantes a partir desses dados. No entanto, tal como já foi referido, foram desenvolvidas ferramentas tecnológicas; estas ferramentas podem explorar os dados para encontrar padrões importantes em que a empresa se pode basear para conduzir a sua agenda competitiva.

O big data tem sido uma das maiores contribuições para os dados obscuros. Está a ser gerada demasiada informação relacionada com as operações de uma organização. O lado positivo é que os avanços tecnológicos registaram um declínio gradual nos custos globais de armazenamento. Isto significa que até as micro, pequenas e médias empresas podem recolher e armazenar demasiados dados a custos muito baixos. Sem ferramentas adequadas para obter informações a partir desses dados, estes permanecem inactivos e não utilizados, não oferecendo quaisquer benefícios à empresa. Mas isto não significa que estes dados não tenham valor: tudo o que uma empresa precisa são as ferramentas e tecnologias corretas para explorar o potencial oculto destes dados anteriormente ignorados.

Por exemplo, em quase todos os colégios ou universidades, os estudantes são obrigados a preencher um formulário de admissão. Uma das perguntas mais comuns que todos os formulários de admissão contêm é "como é que nos conheceu/ouviu falar de nós?" Muito poucas universidades ou colégios utilizam efetivamente as respostas a estes dados. No entanto, com as ferramentas certas, as respostas a esta pergunta podem ser exploradas e tornadas essencialmente úteis para a empresa determinar qual das suas estratégias de marketing foi mais adequada ao mercado. Isto permitiria à instituição tomar decisões de marketing mais bem informadas, especialmente no que respeita às suas estratégias de publicidade.

Definição de grandes volumes de dados

Não existe uma definição correta e consensual de grandes volumes de dados. A IBM [7] considera que este facto se deve a duas razões principais:

- O nome em si é impreciso; os dados não têm de ser volumosos para serem classificados como grandes volumes de dados.
- Existe uma grande perceção/mal-entendido sobre o que é, baseada em grande parte na propaganda dos vendedores e em notícias sensacionalistas.

Por conseguinte, a IBM define big data como "Extrair informações de um imenso volume, variedade e velocidade de dados, em contexto, para além do que era anteriormente possível". Esta definição baseia-se no facto de estarem a ser capturados diariamente demasiados dados, mas estes dados não têm qualquer significado e são inúteis, a não ser que deles se possam extrair conhecimentos. Dado que os dados se tornaram tão volumosos, complexos e acelerados por natureza, os métodos de computação tradicionais já não são suficientes.

As empresas captam triliões de bytes de informação sobre os seus clientes, fornecedores e operações, e milhões de sensores em rede estão a ser incorporados no mundo físico em dispositivos como telemóveis e automóveis, detectando, criando e comunicando dados [**8**]. Os grandes volumes de dados são definidos por [**3**] como enormes conjuntos de dados que são ordens de grandeza maiores (volume); mais diversificados, incluindo dados estruturados, semiestruturados e não estruturados (variedade) e que chegam mais rapidamente (velocidade) do que qualquer organização já teve de lidar anteriormente. [**9**] define "grandes volumes de dados" como dados que não podem ser processados utilizando ferramentas e processos tradicionais de processamento de dados; enquanto [**8**] define "grandes volumes de dados" como grandes conjuntos de dados que podem ser capturados, comunicados, agregados, armazenados e analisados; [**10**] sugere que os grandes volumes de dados são uma coleção de conjuntos de dados tão grandes e complexos que os sistemas de software dificilmente os conseguem processar.

Os conjuntos de dados são maiores, mais variados em termos de estrutura e de formato e são gerados a um ritmo mais rápido do que nunca. O fenómeno dos grandes volumes de dados cria enormes oportunidades para a sociedade promover a inovação baseada em dados que pode permitir uma tomada de decisões mais rápida e melhor , criando uma vantagem competitiva para a nossa sociedade do conhecimento. Os grandes volumes de dados reflectem a forma como uma organização identifica, analisa e utiliza novas fontes de informação para tomar decisões sobre informações cujo acesso era, até há pouco tempo, demasiado difícil, dispendioso ou demorado.

De acordo com [**3**] e [7], quatro caraterísticas fundamentais definem os grandes volumes de dados, nomeadamente

- **Volume**: Os dados gerados por máquinas são produzidos em quantidades muito maiores do que os dados não tradicionais.

• **Velocidade**: estes dados são gerados em tempo real, com exigências de informação utilizável a ser fornecida imediatamente.

• **Variedade**: Os processos tradicionais de gestão de dados não conseguem lidar com a heterogeneidade dos Big Data ou dos dados obscuros, como os registos de acesso e os históricos de pesquisa na Web.

• **Valor**: O valor económico dos diferentes dados varia significativamente. Normalmente, há boas informações escondidas num conjunto maior de dados não tradicionais; o desafio é identificar o que é valioso e, em seguida, transformar e extrair esses dados para análise.

Estas grandes quantidades de dados são geradas por dispositivos interligados - desde PCs e telemóveis inteligentes a sensores como leitores de identificação por radiofrequência (RFID) e câmaras de trânsito. O crescimento da computação omnipresente também teve um efeito profundo na recolha de dados. Dispositivos domésticos como frigoríficos, micro-ondas e até televisores digitais podem recolher dados do seu ambiente, analisá-los e fornecer eficazmente informações relevantes aos seus utilizadores. Estes dados são também heterogéneos e apresentam-se em vários formatos, incluindo texto, documentos, imagens, vídeos e outros. Os grandes dados reflectem não só a forma como uma organização identifica, analisa e utiliza os dados geridos dentro das suas próprias paredes, mas também dados que anteriormente eram considerados inacessíveis, incluindo dados de novas fontes de informação que podem estar fora do controlo de uma organização, para tomar decisões empresariais [**11**].

O fenómeno dos grandes volumes de dados cria enormes oportunidades para a sociedade promover a inovação baseada em dados que pode permitir uma tomada de decisões mais rápida e melhor, criando uma vantagem competitiva para a nossa sociedade do conhecimento [**3**]. Quando os grandes volumes de dados são destilados e analisados em combinação com os dados empresariais tradicionais, as empresas podem desenvolver uma compreensão mais profunda e perspicaz da sua atividade, o que pode conduzir a um aumento da produtividade, a uma posição competitiva mais forte e a uma maior inovação - tudo isto pode ter um impacto significativo nos resultados [**2**]. Para obter um verdadeiro valor comercial destes dados, uma organização precisa das ferramentas certas para captar e organizar uma grande variedade de tipos de dados de diferentes fontes e para poder analisá-los facilmente no contexto de todos os dados da empresa. Isto é dificultado, em grande parte, pela forma não estruturada em que estes dados existem e pelo facto de nem todos serem relevantes para a empresa. Por conseguinte, a primeira tarefa de qualquer empresa é certificar-se de que os dados que armazena são relevantes para a empresa. Existem várias ferramentas no mercado que ajudam uma empresa a adquirir e a organizar os seus dados e também a explorar esses vastos dados para encontrar significados e relações que sejam relevantes para a empresa. Um bom exemplo são as ferramentas Oracle Big Data Appliance e Oracle Big Data Connectors, que fornecem uma solução completa e integrada para responder a todo o espetro de requisitos de Big Data da empresa [**2**].

Para tirar o máximo partido dos megadados, as empresas têm de desenvolver as suas infra-estruturas de TI para lidar com estas novas fontes de dados de elevado volume, velocidade e variedade e integrá-las com os dados empresariais pré-existentes a analisar [**2**]. Se tal não for feito, as empresas podem perder o benefício global que teria sido gerado a partir destes dados.

Desafios dos grandes volumes de dados

Atualmente, a grande questão que se coloca a todas as empresas é como transformar os grandes volumes de dados em conhecimentos e estes em vantagens comerciais. Um inquérito realizado pela KPMG nos Estados Unidos [**12**] revelou que a implementação das soluções corretas para analisar e interpretar os dados com precisão, a identificação dos parâmetros corretos e a reação atempada às informações à medida que estas surgem foram alguns dos principais desafios que os inquiridos enfrentaram quando se trata de transformar grandes quantidades de dados em informações comerciais valiosas, práticas e acionáveis utilizando a análise.

Numa investigação, [**13**] identifica cinco desafios fundamentais para os grandes dados, nomeadamente A incerteza do panorama da gestão de dados; A lacuna de talentos em matéria de grandes volumes de dados; A introdução de dados na plataforma de grandes volumes de dados; A sincronização entre as fontes de dados e a obtenção de informações úteis a partir da plataforma de grandes volumes de dados.

É inquestionável que o big data apresenta uma miríade de desafios para as organizações e para os utilizadores desses dados. Se estas questões não forem bem geridas, os resultados comprometerão geralmente a qualidade da informação gerada por estes sistemas. As soluções para este problema devem começar logo no início. Nesta altura, devem ser criados mecanismos para assegurar a consistência global dos dados, de modo a garantir a integridade global da informação gerada.

Análise de grandes volumes de dados

A análise de grandes volumes de dados é o processo de recolha, organização e análise de grandes volumes de dados para descobrir padrões, relações entre os dados e outras informações úteis que podem apoiar o processo de tomada de decisões de uma organização. A análise de grandes volumes de dados ajuda as organizações a compreender melhor as informações contidas nos dados e também ajuda a identificar os dados mais importantes para a empresa e para as decisões empresariais futuras. Os analistas que trabalham com grandes volumes de dados pretendem basicamente o conhecimento que resulta da análise dos dados. Tal como as soluções convencionais de análise e de business intelligence, as ferramentas de análise e extração de grandes volumes de dados ajudam a descobrir padrões ocultos, correlações desconhecidas e outras informações úteis para a empresa que se encontram escondidas nos dados de uma organização. No entanto, as ferramentas de grandes volumes de dados podem analisar activos de informação de grande volume, grande velocidade e grande variedade de forma muito melhor e mais eficiente do que as ferramentas convencionais e as bases de dados relacionais que se esforçam por capturar, gerir e processar grandes volumes de dados num período de tempo tolerável e com um custo total de propriedade aceitável (www.qubole.com).

Benefícios da análise de grandes volumes de dados

Pensa-se que a Google e o LinkedIn foram das primeiras organizações a fazer experiências com os grandes volumes de dados, desenvolvendo provas de conceito e projectos de pequena escala para saber se os seus modelos analíticos podiam ser melhorados com novas fontes de dados. Os resultados destas experiências foram largamente positivos. Atualmente, a análise de grandes volumes de dados passou da experimentação para uma abordagem que as grandes organizações utilizam para obter informações sobre os seus dados. Tom davenport[1] , diretor de investigação do IIA, identifica uma série de benefícios para as empresas com base na recolha de dados de mais de 50 empresas nos EUA. Estes incluem:

- Tomada de decisões mais rápida e melhor: o principal objetivo da análise é melhorar a tomada de decisões. A análise permite que as grandes e pequenas organizações tomem decisões mais rápidas e melhores com base em grandes volumes de dados.

- Desenvolvimento de novos produtos e serviços: Utilizando as informações da análise de dados, as organizações há muito que conseguem desenvolver novos produtos e serviços com base na

[1] Tom Davenport é um pioneiro da indústria analítica e actua como Diretor de Investigação e líder do corpo docente do IIA. É professor convidado da Harvard Business School, professor distinto do Babson College, investigador do MIT Center for Digital Business e consultor sénior da Deloitte Analytics.

análise dos dados/informações dos clientes. Isto inclui a análise de dados da Web a partir de sistemas baseados na Web, dados de relações com clientes, bases de dados de informações sobre produtos e análise de tendências de mercado.

- Redução de custos: As ferramentas de megadados, como o Hadoop, permitem às empresas armazenar grandes volumes de dados a um preço muito mais barato do que uma base de dados tradicional. As empresas que utilizam ferramentas de grandes volumes de dados para este benefício utilizam normalmente clusters Hadoop para aumentar o seu atual armazém de dados, armazenando dados a longo prazo no Hadoop em vez de expandir o armazém de dados. Os dados são então transferidos do Hadoop para a base de dados tradicional para produção e análise, conforme necessário. As ferramentas versáteis de megadados também podem funcionar como várias ferramentas ao mesmo tempo, poupando às organizações o custo da necessidade de comprar mais ferramentas para as mesmas tarefas .[2]

[2] **O Hadoop** é uma estrutura de código aberto que permite a uma organização armazenar e processar grandes volumes de dados num ambiente distribuído em clusters de computadores, utilizando modelos de programação simples. Foi concebido para ser ampliado de servidores individuais para milhares de máquinas, cada uma oferecendo computação e armazenamento locais.

CAPÍTULO 4

ESTRATÉGIA EMPRESARIAL E PLANEAMENTO DE SISTEMAS DE INFORMAÇÃO

SI para o planeamento estratégico

O rápido avanço das tecnologias da informação tem constituído um desafio para as empresas, na medida em que estas tentam lidar e adaptar-se às tecnologias emergentes. As tecnologias da informação mudam de doze em doze meses. Isto significa que, para que as empresas possam competir efetivamente num mercado sempre dinâmico, a sua capacidade de adotar novos produtos de TI é fundamental. Esta rápida evolução das TI torna-se, por conseguinte, onerosa para as empresas que tentam adaptar-se à nova ordem tecnológica. Os avanços tecnológicos levaram ao colapso total de algumas empresas, enquanto outras prosperaram adaptando os novos modelos de negócio apresentados pelas tecnologias emergentes. Ao mesmo tempo, surgiram novos modelos de negócio para tirar partido mudanças nas TI e na indústria. A Figura I mostra alguns dos desafios e oportunidades que se colocam atualmente às empresas.

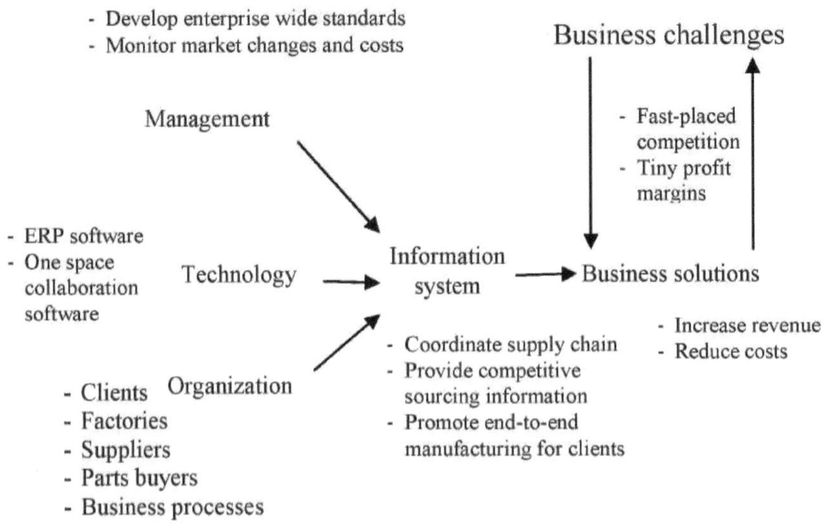

Figura 1: Desafios e oportunidades comerciais [1]

Para que qualquer empresa possa competir efetivamente nesta nova ordem, tem de analisar eficazmente o que os seus concorrentes estão a fazer e tomar as medidas adequadas para se adaptar às tecnologias e ao mercado emergentes. Se não o fizer, pode ser um golpe fatal para a empresa. Marc J. Schniederjans[3] faz uma analogia com o treinador de uma equipa de futebol que tem de analisar sistematicamente a forma como as outras equipas jogam antes de as enfrentar num jogo. Isto permite ao treinador planear a organização da sua equipa, a forma de atacar e os jogadores a utilizar. No mesmo caso, as empresas devem ter em conta o desempenho dos seus concorrentes e as estratégias que estão a utilizar; o que tencionam

[3] Marc J. Schniederjans é o autor de "Business Analytics Principles, Concepts, and Applications What, Why, and How"

fazer e como tencionam fazê-lo. Com esta informação sobre os seus concorrentes, uma empresa pode então planear em como contrariar os seus concorrentes e qual a estratégia que melhor pode utilizar para alcançar os resultados desejados. Esta é a essência global da inteligência competitiva (IC). Abordaremos este assunto no capítulo cinco.

A falta de análise do ambiente pode ser prejudicial para as empresas. Por exemplo, a Eveready East Africa Limited, fabricante de pilhas secas, teve de fechar a sua loja no Quénia por não ter analisado as tendências tecnológicas e não ter conseguido inovar eficazmente para contrariar a nova tendência das lanternas e lâmpadas recarregáveis. Quando se aperceberam das mudanças dinâmicas no mercado, já era demasiado tarde. Os serviços de correios e telecomunicações do Quénia (Posta Kenya) são outro exemplo de como a incapacidade de analisar o ambiente empresarial pode ser prejudicial para as empresas. A ascensão dos telemóveis e o aparecimento de serviços de entrega de encomendas por outras empresas privadas é uma ameaça que a empresa poderia ter antecipado e tomado as medidas necessárias para planear o futuro e garantir que essas tecnologias disruptivas não acabassem com o seu negócio. Anos após o aparecimento do telemóvel e da Internet, a empresa, outrora lucrativa, continua a lutar para recuperar o seu mercado. E o maior desafio para essas empresas é que, uma vez ultrapassadas pela tecnologia e pelas várias dinâmicas do mercado, torna-se quase impossível ou muitas vezes mais dispendioso recuperar o seu lugar no mercado.

A grande questão a que este livro pretende responder é: qual é o papel da tecnologia no alinhamento da empresa com as tendências tecnológicas em mudança e as exigências do mercado? Qual a melhor forma de recolher e processar dados para garantir uma tomada de decisão eficaz baseada na informação? E, por último, consideramos as várias ferramentas existentes no mercado e como podem ser aplicadas na extração de conhecimento a partir da vasta quantidade de dados já acessíveis à empresa.

Grande parte da investigação relativa à teoria em torno da estratégia e da vantagem competitiva foi durante muito tempo discutida e analisada, modelos desenhados e redesenhados; este livro procura, portanto, analisar a forma como a nova ordem tecnológica dos sistemas orientados para as TI se enquadra na literatura existente. Mas tudo isto com o objetivo de ajudar as empresas a descobrir o valor oculto dos vastos dados armazenados nos sistemas informáticos de uma empresa e noutros sistemas avaliáveis pela organização. A descoberta do conhecimento tenta colocar em evidência o valor inerente à identificação do comportamento dos clientes e à utilização destas relações identificadas para modelar uma empresa de modo a competir efetivamente no mercado.

Estratégia de sistemas de informação

Para efeitos do presente livro, é importante distinguir entre TI e SI. A Tecnologia da Informação processa, transmite ou armazena informação, enquanto um Sistema de Informação (SI) é um conjunto integrado e cooperativo de software que utiliza tecnologias da informação para apoiar um indivíduo, um grupo ou objectivos sociais. De acordo com o dicionário de negócios, um sistema de informação é "uma combinação de hardware, software, infraestrutura e pessoal treinado organizado para facilitar o planeamento, o controlo, a coordenação e a tomada de decisões numa organização: A Tecnologia da Informação é definida pelo dicionário Oxford como "a utilização de equipamentos electrónicos, especialmente computadores, para armazenar e analisar informação. Isto significa que o foco da TI está na tecnologia, enquanto o foco dos sistemas de informação está na informação processada e utilizada pela tecnologia.

Uma estratégia de SI é um plano para adotar sistemas de informação de acordo com as exigências organizacionais, de modo a que a informação e os sistemas apoiem a estratégia/objectivos gerais da empresa. Uma estratégia de SI associa os objectivos da organização, a informação necessária para apoiar esses objectivos e a implementação de sistemas informáticos para fornecer informação que satisfaça a procura da organização para apoiar esses objectivos. Durante muito tempo, as Tecnologias de Informação (TI) foram consideradas uma ferramenta de implementação, não estando assim intrinsecamente envolvidas na definição da estratégia da empresa. Cada vez mais, novas oportunidades de negócio e mercados estão a ser criados pelo crescimento das TI. O crescimento das tecnologias da informação e da comunicação (TIC) transformou o seu papel na organização numa componente crítica da tomada de decisões. A tecnologia da informação tornou-se uma componente estratégica fundamental de todas as empresas e indústrias. Algumas organizações continuam a depositar grandes expectativas nas TI para o futuro da sua atividade. Na verdade, isto é oportuno e benéfico para as empresas, porque as TI se tornaram uma componente crítica para as empresas e uma espinha dorsal essencial em que as organizações podem confiar como um fator-chave de desempenho. A conceção das TI para as várias componentes funcionais de uma empresa significa que nenhuma organização pode ignorar o papel crescente das TI. Por conseguinte, é importante que as empresas sejam capazes de analisar os seus objectivos e funcionalidades e considerar a melhor forma de aplicar as TI em cada uma destas áreas para melhorar o desempenho.

Importância de uma estratégia

O principal objetivo de uma estratégia é o alinhamento. A estratégia faz com que as pessoas de uma organização se juntem para fazer boas escolhas, reforçando as escolhas uns dos outros, porque todos perseguem os mesmos objectivos com vista a obter uma vantagem competitiva. A estratégia garante que as decisões ao longo de toda a cadeia de comando, desde a gestão de topo até aos gestores de nível operacional e ao resto da equipa, são orientadas para a concretização dos objectivos estratégicos. Foram propostas três estratégias genéricas que, se forem bem aplicadas, podem permitir a uma empresa não só manter-se na concorrência mas também obter uma vantagem competitiva. Estas estratégias incluem

(i) Concentrar-se num nicho específico

(ii) Liderança de custos

(iii) Diferenciação.

Concentrar-se num nicho de mercado

A estratégia de concentração num nicho/mercado específico baseia-se em servir muito bem um determinado mercado-alvo. Isto pode incluir a concentração num determinado grupo de compradores, segmento da linha de produtos ou mercado geográfico. A ideia subjacente é que uma empresa é capaz de servir o seu alvo estratégico restrito de forma mais eficaz ou eficiente do que os concorrentes que estão a competir de forma mais ampla. Através da implementação efectiva desta estratégia, uma empresa pode alcançar a diferenciação, satisfazendo melhor as necessidades do mercado ou reduzindo os custos através da especialização, ou ambos.

Diferenciação

A diferenciação consiste em criar os seus produtos para que sejam únicos. No entanto, existem sempre duas abordagens à diferenciação; para os líderes de mercado, a sua motivação é manter a sua posição dominante no mercado, pelo que o seu objetivo é tentar, tanto quanto possível, diferenciar os seus produtos dos dos seus concorrentes [**14**]. Isto permite que os seus clientes diferenciem os seus produtos dos dos seus concorrentes o mais facilmente possível. Para as empresas que seguem a concorrência no mercado, a sua aplicação da diferenciação destina-se a tornar os seus produtos tão semelhantes quanto possível aos das empresas dominantes. A ideia principal é garantir que os clientes não diferenciam os produtos no mercado, ganhando assim com isso [**15**].

Liderança de custos

A estratégia de liderança de custos garante que a empresa oferece os preços mais baixos do mercado. Desta forma, a empresa consegue controlar o mercado e obter uma vantagem competitiva sobre as outras. No entanto, a diferenciação pode proporcionar um isolamento contra os concorrentes devido à fidelidade à marca por parte dos clientes e a uma consequente menor sensibilidade ao preço. A liderança em termos de custos pode ser alcançada através do controlo dos custos na organização.

Sistemas de informação para uma estratégia competitiva

Para que uma empresa possa explorar plenamente a capacidade das TI/SI para impulsionar a sua agenda competitiva, deve identificar a forma como as TI e os SI podem ser aplicados para impulsionar cada uma destas estratégias. Por exemplo, os sistemas de informação podem ser aplicados para identificar e eliminar áreas de desperdício, fornecendo alternativas. A utilização do comércio eletrónico, por exemplo, abre novos canais de venda através da identificação de novos segmentos de mercado; também elimina os intermediários, que são uma componente crítica que acrescenta custos ao longo da cadeia de valor. Estes produtos podem, portanto, ser entregues aos clientes a um custo mais baixo através da utilização do comércio eletrónico.

A utilização de sistemas de informação também incentiva a gestão da cadeia de abastecimento "customer pull" em vez de "manufacturer push", o que reduz as existências. Isto significa que os produtos podem ser produzidos de acordo com a procura e quando são mais necessários. Isto maximiza os retornos para a empresa e elimina os casos de stocks mortos ou produtos obsoletos, especialmente os produtos de TI que têm um tempo de vida muito curto, uma vez que a tecnologia muda rapidamente. Por conseguinte, alinhar a estratégia dos SI com os objectivos da empresa é importante porque identifica e define estas áreas-chave e define um caminho para que a empresa possa obter uma vantagem competitiva. O principal objetivo da gestão estratégica é, portanto, identificar como a vantagem competitiva pode ser criada e sustentada. As estratégias determinam a posição de mercado da empresa e identificam os recursos-chave necessários para assegurar a competitividade a longo prazo.

Necessidade de integração estratégica dos SI

Um sistema de informação é um reflexo da organização. Os dados que detém e processa reflectem as actividades físicas que têm lugar na organização. A informação que os sistemas de informação geram destina-se a apoiar as funções principais da organização. Por este motivo, é importante que, ao desenvolver Sistemas de Informação numa organização, os objectivos do SI e os objectivos empresariais da empresa estejam alinhados. Isto assegura que os sistemas de informação empresarial desenvolvidos na organização são capazes de apoiar a empresa na realização dos seus objectivos a longo prazo.

Os modelos tradicionais de estratégia estão a ser modificados para se adaptarem ao impacto das empresas digitais e aos novos fluxos e estruturas de informação. Os próprios sistemas de informação estão a ser estruturados para acomodar as exigências de um mercado e de modelos de negócio em constante evolução. Antes do aparecimento da empresa digital, a estratégia empresarial centrava-se na concorrência direta com outras empresas no mesmo mercado. Atualmente, a tónica é colocada na exploração, identificação e ocupação de novos nichos de mercado antes dos concorrentes; na obtenção de informações sobre os seus concorrentes, na melhor compreensão da cadeia de valor do cliente e na aprendizagem mais rápida e profunda do que os concorrentes. A análise crítica e a informação comercial de uma empresa são essenciais para a sobrevivência das empresas actuais.

O objetivo do desenvolvimento de uma estratégia é desenvolver uma vantagem competitiva sustentável para a empresa. Existem geralmente duas formas de concorrência: a eficácia operacional (produção) e a posição competitiva (marketing). A vantagem competitiva pode ser alcançada de várias formas, incluindo nichos de mercado, diferenciação de produtos, adoção de canais de distribuição alternativos, processos de fabrico alternativos, aplicação de preços selectivos e utilização de estruturas de custos fundamentalmente diferentes.

Ao desenvolver e implementar as TI e os sistemas de informação conexos, torna-se essencial ter em conta e integrar a estratégia da empresa e a estratégia dos SI. Isto permite uma utilização correta dos SI sem comprometer a posição competitiva da empresa. Também permite que uma organização obtenha valor dos seus investimentos em sistemas de informação. Para além dos riscos que advêm da utilização dos SI para um negócio, o alinhamento dos objectivos dos SI e dos objectivos empresariais permite que uma organização utilize eficazmente os SI para atingir os seus objectivos empresariais. Existe uma lacuna óbvia de capacidade de TI em termos de resposta atempada com o serviço de TI correto, novo ou modificado, para apoiar as mudanças nos requisitos do negócio; portanto, o negócio corre o risco de não atingir os seus objectivos estratégicos.

Para obter uma vantagem competitiva, as organizações têm de formular e implementar uma estratégia. Uma estratégia é um conjunto formal de actividades que foram identificadas como os meios através dos quais as metas e objectivos declarados devem ser alcançados. Uma estratégia é o caminho que a organização seguirá para atingir as suas metas e objectivos. Uma estratégia empresarial é o ponto de partida para o comportamento empresarial. Exprime as ambições de uma organização, define a direção escolhida e descreve as principais iniciativas e projectos necessários para alcançar a sua missão. As escolas de gestão, os gurus da gestão e as boutiques de estratégia desenvolvem regularmente novas abordagens e metodologias para a formulação de estratégias e todos reconhecem a sua enorme importância para definir o tom da organização e as suas perspectivas de sucesso. No entanto, apesar do reconhecimento desta importância, o alinhamento de uma organização com a sua estratégia continua a ser uma das áreas mais difíceis e insatisfatórias do esforço de gestão.

Estratégia de sistemas de informação para obter vantagens competitivas

A estratégia dos SI deve ser considerada ao mais alto nível das estratégias empresariais, tal como quaisquer outras estratégias, como a estratégia empresarial, a estratégia competitiva e a estratégia a nível funcional. Os estudiosos da investigação em gestão têm dado uma atenção notável às estratégias dos SI e à vantagem competitiva, mas os aspectos estratégicos do alinhamento dos SI com os objectivos da empresa quase não foram analisados pela comunidade dos SI. O potencial dos sistemas de informação inovadores para apoiar a realização dos objectivos empresariais só pode ser desenvolvido se a estratégia dos SI estiver alinhada com a estratégia empresarial da empresa. No entanto, este tópico tem sido pouco investigado pela comunidade de investigadores de SI. A inexistência de um quadro concetual que permita a implementação dos SI e a competitividade das empresas dificultou ainda mais a integração dos objectivos dos SI e dos objectivos empresariais. Por conseguinte, é necessário envidar mais esforços no sentido de alinhar as estratégias empresariais e de SI para que as organizações atinjam os dois objectivos.

Para atingir os objectivos empresariais, as empresas precisam de integrar os SI como parte da sua estratégia empresarial. Para obterem uma vantagem competitiva, as empresas e a indústria precisam de integrar as TI nas suas funções principais. No entanto, por muito que estes argumentos sejam corretos, a comunidade de investigadores sublinhou que a concentração excessiva nas grandes empresas, ignorando o contributo que as TI podem dar às pequenas e médias empresas, anula os ganhos económicos que poderiam ter sido alcançados numa economia.

A investigação identificou diferentes correntes de investigação sobre SI relacionadas com a estratégia dos SI, como a investigação sobre o planeamento estratégico dos sistemas de informação, o alinhamento dos SI e a criação de vantagens competitivas com base nos SI. No entanto, os executivos das empresas estão a lutar para identificar fontes de vantagem competitiva baseadas na sustentabilidade e para integrar os aspectos ambientais na sua estratégia empresarial. Isto significa que, para uma organização obter uma vantagem competitiva sobre os seus concorrentes, é essencial uma análise clara de todas as suas actividades e processos empresariais e o desenvolvimento de uma estratégia inerente à aplicação e ao papel dos SI/TI. No domínio da informática e dos sistemas de informação, tal implica uma análise não só dos sistemas de informação utilizados, mas também dos processos e actividades empresariais, a fim de identificar as áreas em que os SI/TI podem ser utilizados como instrumento de reengenharia da empresa e melhorar o desempenho da empresa, bem como aumentar as poupanças empresariais através da redução dos custos operacionais. Estas poupanças podem então ser transferidas para os clientes através de produtos de baixo custo, o que constitui uma estratégia competitiva vital, tal como identificada por Porter.

Todas as organizações precisam de um plano para atingir os seus objectivos globais a longo prazo. Esta é a essência geral do planeamento estratégico. O planeamento estratégico é, portanto, fundamental para o sucesso de qualquer organização.

Da mesma forma, o planeamento estratégico dos sistemas de informação baseia-se no facto de que os investimentos em sistemas de informação de uma organização têm de estar alinhados com a estratégia empresarial global, para que possam desempenhar um papel que permita à organização obter uma vantagem competitiva. Também se baseia na noção de que as organizações podem alcançar melhor o alinhamento e a vantagem competitiva com base nos sistemas de informação se seguirem um processo proactivo, formal e abrangente que inclua a análise e o desenvolvimento de requisitos de informação gerais. Desta forma, o pessoal dos SI não se senta e reage aos requisitos de informação emergentes da empresa, mas desempenha um papel proactivo de antecipação das necessidades de informação da empresa com base no seu plano estratégico e assegura que os sistemas de informação existentes podem satisfazer adequadamente essas necessidades.

Como já foi referido neste capítulo, a informação é uma componente estratégica fundamental das empresas actuais. A forma como as organizações planeiam este ativo, recolhem e processam os dados relevantes para extrair esta informação é, portanto, fundamental para garantir o valor da informação gerada. No entanto, tendo em conta o ambiente dinâmico e competitivo das empresas actuais, a disponibilidade desta informação não é uma garantia de vantagem competitiva. Na verdade, quase todas as empresas que investiram em sistemas de informação podem facilmente extrair informações dos dados existentes nos seus sistemas. Assim, o valor real da informação só pode ser tornado mais significativo para apoiar o processo de tomada de decisão de uma empresa se for possível extrair significados ocultos da informação existente. Isto coloca, portanto, um fardo mais pesado em qualquer sistema de informação empresarial, garantindo que quaisquer relações significativas entre os dados sejam extraídas e utilizadas em conformidade para gerar mais receitas, oferecer melhores serviços aos clientes ou reduzir o custo dos produtos da organização, gerando assim uma vantagem competitiva para a empresa.

Tendo isto em mente, quais são as caraterísticas dos sistemas de informação estratégicos? Imagino um cenário em que estou a conduzir em territórios desconhecidos no vale do Rift queniano, com fome, sede e abatido, e depois chega uma mensagem de texto ao meu telemóvel do supermercado Tuskys, do qual sou cliente, dizendo-me que, trezentos metros à frente, posso obter todas as bebidas de que preciso e talvez até uma pizza numa das suas filiais. Esta é a essência geral da vantagem estratégica baseada na informação. Aparentemente, sempre que utilizo o meu cartão de crédito para fazer compras no Tuskys, eles recolhem todos os dados sobre mim, desde o meu número de telemóvel, nome, idade e, mais importante, a minha personalidade e comportamento com base nas minhas compras e até na frequência das mesmas. Depois, com base no GPS, os seus sistemas podem seguir a minha localização e fornecer-me as informações de que necessito, mas agora relacionadas com o seu negócio. Este conceito é impulsionado pelo big data e sustenta a importância do big data para as empresas como uma componente essencial da vantagem competitiva.

Vantagem competitiva

Como já foi referido, a tecnologia, por si só, não pode criar uma vantagem competitiva. Muitas organizações gastam milhões de dólares na aquisição de TI e de infra-estruturas conexas que acabam por não acrescentar qualquer valor comercial à organização. A menos que uma empresa consiga estabelecer uma ligação entre as suas necessidades comerciais e a aquisição de infra-estruturas de TI, o valor comercial real pode nunca ser alcançado. Grande parte do desenvolvimento das TI foi impulsionado pelas necessidades das empresas. Assim, todas as organizações precisam de analisar eficazmente a tecnologia disponível e a melhor forma de a integrar no seu ambiente empresarial. O objetivo final de cada empresa é obter uma vantagem competitiva no mercado. Numa era em que a globalização contínua eliminou as fronteiras geográficas físicas que impediam a concorrência entre as empresas, a obtenção de uma vantagem competitiva tornou-se uma prioridade geral no ambiente empresarial global.

O crescimento da Internet e de outras tecnologias da informação colocou, em grande medida, exigências acrescidas aos gestores, que têm a tarefa de decidir qual a tecnologia adequada para a sua organização, associá-la às competências dos trabalhadores e reunir tudo para ajudar a atingir os objectivos estabelecidos. Mais complicado ainda é garantir a segurança dos dados da organização, mesmo com as vulnerabilidades a que as transacções electrónicas estão expostas. Esta questão será abordada num capítulo posterior.

As tecnologias da informação asseguraram que a qualidade se tornasse uma nova fronteira para as empresas. À medida que as empresas competem pelos mesmos clientes, estes são mimados por uma série de escolhas. A oferta de produtos de boa qualidade oferece, portanto, uma vantagem a uma organização em relação aos seus clientes. Um novo alvorecer para a inovação de produtos também parece ser um benefício adicional para os próprios clientes. Ao definir as estratégias competitivas, Michael Porter identificou a inovação como um instrumento fundamental que as empresas podem aplicar para obter uma vantagem competitiva sobre os seus concorrentes.

A inovação garante que uma empresa se torna líder de mercado na criação de novos produtos ou serviços para os seus clientes. Isto significa que as outras empresas que concorrem para o mesmo nicho de mercado competem continuamente para se manterem a par da sua empresa e não o contrário. Deste modo, não só os clientes obtêm melhores produtos e serviços, como também o seu poder de negociação é reforçado. Há quem argumente que dar aos clientes um maior poder de negociação é mau para o negócio, mas devido à globalização, qualquer empresa que aprenda a viver com este novo facto tem mais a ganhar. O facto de a Internet e os conceitos de comércio eletrónico terem proporcionado aos clientes de qualquer parte do mundo uma vasta gama de produtos e de diferentes empresas para escolherem e até efectuarem comparações de preços e análises de produtos mesmo antes de comprarem um produto torna a situação complicada para as empresas. Poderá alguma empresa, em qualquer economia, ignorar este facto? Duvido. O aumento das redes sociais como ferramenta de comunicação torna a situação ainda mais complicada para as empresas.

Só através da extração de relações significativas sobre os dados recolhidos através dos sistemas baseados nas TI é que se pode obter uma vantagem competitiva. Assim, a criação de uma vantagem competitiva começa com uma gestão significativa de um negócio eletrónico. Neste caso, um negócio eletrónico descreve a execução de tarefas/funções empresariais através da utilização de computadores e sistemas de informação conexos, incluindo a utilização do comércio eletrónico. O comércio eletrónico é a compra e venda de bens e serviços por meios electrónicos. A gestão correta de um negócio eletrónico pode garantir uma vantagem competitiva.

Para obter uma vantagem competitiva graças aos sistemas de informação, uma empresa deve desenvolver uma estratégia. Uma estratégia definirá o caminho que a organização seguirá para competir no mercado, definindo claramente como a empresa planeia atingir os seus objectivos. Identifica os pontos fortes e fracos da empresa, os desafios esperados, bem como define os principais pontos de controlo e os resultados a alcançar dentro de determinados prazos. Uma estratégia de SI, por outro lado, define o papel que os sistemas de informação da organização desempenharão para permitir que a empresa atinja as suas metas e objectivos a longo prazo. Em particular, a estratégia SI nunca deve ser desenvolvida isoladamente da estratégia corporativa, mas deve ser considerada um complemento da estratégia corporativa da organização; uma ferramenta que é crítica para garantir que os objectivos definidos na estratégia corporativa sejam alcançados.

O desenvolvimento de uma estratégia de SI é fundamental, tal como o desenvolvimento de quaisquer outras estratégias empresariais. Por conseguinte, deve ser objeto da devida atenção e considerada aos mais altos níveis da gestão de uma empresa. O desafio no ambiente de negócios atual é que, durante muito tempo, o papel dos SI como motor fundamental do desempenho de uma organização é ignorado. Os SI e as TI são considerados como tecnologias de apoio que não têm qualquer papel na definição da direção da empresa. No entanto, na maioria dos casos, a investigação demonstrou que as empresas que permitiram a tomada de decisões com base em sistemas de informação conseguiram, nalguns casos, duplicar ou mesmo triplicar os seus lucros. Talvez alguns se perguntem como é que isto é possível; mas, de facto, num ambiente em que existem grandes volumes de dados e os comportamentos das pessoas estão armazenados em sistemas informáticos em todo o lado, é fundamental extrair esses comportamentos e utilizá-los para fornecer o que os clientes realmente precisam e não o que as empresas pensam que as pessoas precisam.

O aspeto positivo dos grandes volumes de dados é que não se baseiam nas acções das pessoas, mas sim no seu comportamento. É o comportamento que determina a ação e leva as pessoas a gastar num determinado produto. Se um cliente compra frequentemente calçado desportivo num supermercado, , então o sistema pode assumir corretamente que o cliente pratica actividades desportivas e utilizar esses dados para oferecer marketing direto de calçado desportivo ao cliente ou mesmo para lhe vender outros produtos relacionados. Neste caso, o sistema identificou primeiro o comportamento e depois utilizou o conhecimento adquirido para tomar decisões muito mais informadas para a organização. Isto garante valor para os investimentos da empresa; garante valor para os gastos de uma empresa e, definitivamente, garante retornos, uma vez que coisas como anúncios são direcionados para os clientes certos.

Papel dos SI/TI na definição dos objectivos da empresa

Qualquer modelo ou estratégia de alinhamento empresa-TI/SI deve, em última análise, visar o objetivo de otimizar continuamente o retorno dos investimentos em TI para a empresa. Estes investimentos incluem investimentos em projectos, capital, serviços, apoio, manutenção e qualquer outro esforço ou despesa de TI. O principal fator de sucesso para alinhar as despesas e os esforços de TI com as necessidades da empresa é a liderança e a responsabilidade mútuas. Independentemente do seu papel, cada atividade, projeto ou serviço de TI deve contribuir para a criação de valor comercial.

Além disso, uma agenda de TI deve trabalhar no sentido de alcançar métricas relacionadas com o negócio e não com as TI, a fim de melhorar o alinhamento. Além disso, as organizações devem estar conscientes dos seus recursos de TI, algo que a maioria das empresas frequentemente negligencia. Isto é importante porque a competitividade da sua organização depende muito da qualidade dos seus recursos tecnológicos e se estes recursos são suficientemente eficientes para satisfazer as necessidades do mercado em constante mudança.

A melhoria do acesso à informação, facilitada pelo desenvolvimento contínuo das tecnologias e das redes, será uma caraterística fundamental da sociedade do futuro. A sua aplicação para apoiar a tomada de decisões por organizações, empresas ou indivíduos, facilitará abordagens e respostas melhores e, eventualmente, mais inovadoras às oportunidades e riscos num mundo em rápida mutação. No atual ambiente empresarial exigente, é vital que as organizações tenham acesso a informações e conhecimentos úteis.

Os sistemas de informação são um conceito abrangente de

ferramentas, técnicas e soluções que ajudam os gestores a compreender a sua situação empresarial e a tomar medidas que melhorem a sua posição competitiva no sector. A maior importância de cada sistema de informação numa organização é o fornecimento de informação para apoiar o processo de tomada de decisões na organização. A qualidade desta informação é grandemente influenciada pela qualidade dos sistemas de SI/TI de uma organização e pela forma como estes sistemas estão alinhados com os objectivos da organização. Assim, o alinhamento dos SI/TI com os objectivos da empresa ajuda as organizações a utilizarem eficazmente os seus sistemas de informação para obterem valor através de informações adequadas, mais precisas e atempadas, que ditam mais diretamente a direção que a empresa deve tomar. Por conseguinte, a estratégia de informação de uma empresa, que é definida no âmbito da estratégia mais alargada de SI, fornecerá as caraterísticas essenciais para a informação gerada a partir dos sistemas da organização.

A adoção contínua de soluções TI/SI por parte das organizações baseia-se na evidência crescente da necessidade da utilização das TI em todas as empresas digitais. Longe vão os dias em que as tarefas eram executadas manualmente, utilizando sistemas autónomos tradicionais. De facto, hoje em dia, nenhuma empresa pode competir eficazmente utilizando ferramentas e técnicas tradicionais na execução dos principais processos empresariais. Por conseguinte, a adoção de TI pelas empresas já não é uma tarefa de lazer, mas um requisito fundamental para todas as organizações.

Os sistemas de informação não só garantem a eficiência do processamento de várias transacções, mas também podem ser utilizados, e têm sido utilizados, para controlar processos de fabrico completos e, ao mesmo tempo, fornecer informações críticas necessárias para melhorar a eficiência global do sistema de fabrico. As falhas nos processos de produção podem ser facilmente identificadas e essa informação pode ser utilizada para melhorar a qualidade global dos produtos. Durante a conceção dos produtos, o papel das TI na automatização desta tarefa tão importante foi reforçado. Já lá vão os tempos em que a técnica do papel e do lápis era fundamental. Com a utilização do desenho assistido por computador (CAD), é possível desenhar facilmente os produtos de uma empresa. Além disso, com o CAD, os protótipos são concebidos e testados mesmo antes do início da produção .

Vários componentes funcionais também podem ser testados individualmente quanto à sua eficiência e as alterações necessárias podem ser efectuadas. Isto garante que, mesmo antes de um produto passar à fase de produção, já se provou que funciona e funciona ainda melhor. A conceção dos produtos passa, assim, da tradicional tentativa e erro para uma abordagem mais eficiente e fiável. Está provado que as empresas que utilizam CAD produzem produtos mais aceitáveis no mercado. Um exemplo é dado pela Boeing que, antes da produção dos seus aviões, estes são concebidos e totalmente testados, incluindo a sua funcionalidade, eficiência de combustível e medidas de segurança, mesmo antes do início da produção efectiva.

O papel das TI/SI nas vendas e no marketing também tem sido considerado crítico. Não só a prospeção de dados pode ser utilizada para recolher informações de marketing dos clientes da empresa e do próprio mercado, como também os SI podem ser utilizados para analisar estatísticas de mercado sobre determinados produtos, a fim de identificar onde se vendem mais, quando se vendem mais e quem os compra mais. Esta informação é fundamental para as empresas porque indica à empresa onde exatamente os seus produtos estão a ser vendidos, como e a quem estão a ser vendidos. A empresa pode, então, utilizar esta informação para tomar melhores decisões de distribuição de produtos e também ajudá-la a direcionar clientes específicos para publicidade e promoção.

Tem-se argumentado que a maior parte da publicidade na televisão, na rádio e nos jornais é desperdiçada. A falta de um mecanismo de feedback através do qual se possa monitorizar o impacto destes anúncios é realmente verdade. Mas os sistemas de informação fornecem todas estas informações; por exemplo, ao colocar um anúncio num sítio de uma rede social como o Facebook, não só se fica a saber quem vê o anúncio, como também se fica a saber quem abriu ligações para o anúncio, o que pode ser um indicador importante do interesse na informação. Além disso, é possível definir exatamente a quem se destinam as informações do anúncio, a sua localização geográfica e a sua idade. Assim, neste caso, é possível direcionar o anúncio para o público certo. Sem esquecer que o marketing orientado para os sistemas de informação é muito mais barato do que os métodos tradicionais. Esta é a vantagem do marketing orientado para os sistemas de informação.

Resumo

A estratégia de TI/SI e os conceitos de alinhamento do negócio são uma das estratégias mais críticas para as empresas ganharem uma vantagem competitiva. Uma estratégia organizacional define a direção que a empresa pretende seguir, a estratégia de SI liga os objectivos da organização, define a estrutura da informação essencial para atingir estes objectivos e galvaniza o sistema para apoiar estes objectivos empresariais. Assim, nenhuma organização pode utilizar eficazmente as suas TI/SI a menos que crie uma ligação entre os objectivos do negócio e os objectivos das suas TI/SI. A ligação entre os objectivos dos SI/TI e os objectivos da empresa permite que a organização invista na infraestrutura de TI correta e conceba e desenvolva os sistemas certos em conformidade com os seus objectivos.

Desenvolvimento de uma estratégia de informação

No ambiente empresarial atual, a gestão da informação está no centro da gestão estratégica e operacional. A gestão da informação tem por objetivo garantir que os recursos de informação de uma organização influenciam e facilitam a estratégia da empresa. A informação de uma organização deve ser tratada com o mesmo rigor que qualquer organização faz com os seus recursos financeiros, contabilísticos e humanos. Como já foi referido, a grande quantidade de informação que está a cair sobre as nossas organizações está a criar rapidamente um conjunto de circunstâncias em que já não poderemos simplesmente "improvisar".

Os benefícios estratégicos de uma gestão eficaz da informação tornar-se-ão em breve irreversíveis, com consequências devastadoras para aqueles que assumem o contrário. Dispor da informação correta quando esta é necessária é uma componente essencial para uma tomada de decisão eficaz. Por conseguinte, uma estratégia de informação define a relevância estratégica da informação empresarial. A estratégia de informação faz parte de uma série de estratégias que definem a forma como a empresa pretende atingir os seus objectivos e apoia a missão e os principais objectivos da empresa. O seu objetivo é promover uma cultura em que todos os membros da organização compreendam a importância da informação e que permita à empresa trabalhar eficazmente.

Tal como foi referido anteriormente neste capítulo, todas as organizações devem reconhecer que a informação é um recurso tão importante do ponto de vista estratégico como as pessoas e o património físico. A atividade da organização consiste, portanto, em desenvolver e transmitir conhecimentos e, em grande medida, isso depende da utilização eficaz da informação. Por conseguinte, é necessário aplicar à informação os mesmos princípios de boa gestão que aos outros recursos. O sucesso da produção eficaz e exacta de conhecimentos para qualquer empresa reside no desenvolvimento de uma estratégia de informação inerente que reconheça o valor da informação na condução da agenda da empresa e, por conseguinte, posicione a informação como um recurso estratégico fundamental.

Infelizmente, a investigação mostra que apenas menos de 20% das empresas em todas as economias têm uma estratégia de informação. Esta situação agrava-se nas economias em desenvolvimento, onde uma média de 5% das organizações tem estratégias de informação. Isto pode ser atribuído ao facto de, durante muito tempo, a tecnologia da informação e os sistemas de informação terem sido considerados tecnologias de apoio e, por conseguinte, a sua importância estratégica ter sido largamente ignorada. Mesmo em algumas grandes organizações globais, os sistemas de informação continuam a desempenhar papéis secundários e o seu desenvolvimento e implementação têm recebido pouca atenção por parte dos quadros superiores. Esta atitude tem de mudar. Além disso, cada componente do sistema de informação de uma empresa deve ser considerado estrategicamente com o objetivo de transformar as operações da empresa.

Os sistemas de informação e comunicação da organização devem fornecer as informações de que os utilizadores necessitam e apoiar uma multiplicidade de relações que são interactivas e evolutivas. Por conseguinte, uma estratégia de informação tem por objetivo criar processos que permitam identificar as necessidades das pessoas e fazer-lhes corresponder as melhores soluções. As soluções incluirão a utilização eficaz das tecnologias da informação, o apoio às várias necessidades de decisão, a formação e o desenvolvimento para ajudar as pessoas a utilizarem a informação de forma eficaz e a explorarem as oportunidades e a serem criativas.

Objectivos de uma estratégia de informação

O objetivo de uma estratégia de informação é realçar em que medida uma empresa digital moderna depende da informação em todas as suas funções e considerar a forma como este ativo estratégico deve ser gerido. Por conseguinte, há quatro objectivos principais para estabelecer uma estratégia de informação

▪ Fornecer um ambiente de informação de alta qualidade para apoiar os objectivos da organização

▪ Garantir que todas as pessoas possam obter informações e comunicar entre si de forma rápida e fácil através de sistemas e serviços de informação que satisfaçam as suas necessidades

▪ Incentivar uma cultura de partilha de ideias e conhecimentos e promover a perícia na procura e gestão da informação

▪ Dispor de sistemas de informação integrados, sólidos e rentáveis que reflictam processos simples e que sejam planeados e implementados utilizando as melhores práticas para garantir uma utilização óptima.

Benefícios de uma estratégia de informação

De acordo com www.capgemini.com, uma estratégia de informação é benéfica para a empresa porque garante:

- A utilização óptima da informação deve centrar-se na informação que acrescenta um valor comercial real: Nem toda a informação existente numa empresa é valiosa para a mesma. O valor real da informação comercial reside na sua capacidade de contribuir para a tomada de decisões críticas para a empresa. A capacidade de identificar e armazenar apenas os dados que têm valor comercial é uma componente essencial de uma estratégia de informação. A estratégia deve ser capaz de identificar os dados obscuros e fornecer vias para os iluminar. Isto garante que os dados de uma organização são utilizados ao máximo para apoiar as funções críticas de tomada de decisões de uma empresa.

• Melhor cultura empresarial para criar uma concentração nos motores do negócio: com uma estratégia de informação, as ferramentas de extração de dados e de conhecimento podem ser incorporadas no sistema de informação da empresa para extrair padrões significativos nos dados. As relações entre os principais motores de uma organização podem ser extraídas para identificar os principais motores económicos da empresa. As áreas de desperdício podem ser identificadas e os investimentos empresariais que não contribuem para os lucros podem ser identificados. Isto pode, por conseguinte, permitir à empresa tomar decisões de investimento mais bem informadas que se centrem em áreas de desempenho e retorno comprovados.

• Dados mais seguros e protegidos: o estabelecimento de uma estratégia de informação eficaz ajuda a melhorar a segurança, a fiabilidade, a integridade, a acessibilidade e a qualidade dos dados de uma organização. Isto porque a estratégia envolverá um conjunto de regras, normas, regulamentos e responsabilidades que afectarão todos os tipos de dados que circulam na organização.

• Acesso rápido e direto ao business intelligence: a capacidade de aceder ao business intelligence é fundamental para o sucesso das empresas actuais, orientadas para a informação. O Business Intelligence refere-se a dados úteis e significativos que podem ajudar a impulsionar a competitividade e o aumento das receitas. A inteligência empresarial crítica deve ser acedida rápida e facilmente por todos os utilizadores autorizados. Assim, para organizar os dados de uma organização de modo a facilitar o acesso, é fundamental uma estratégia de informação.

- Redução dos custos e gestão mais eficaz dos riscos: a redução dos custos e a gestão dos riscos são indissociáveis de uma gestão eficaz da informação. Uma utilização mais eficiente da informação aumenta a produtividade e reduz o desperdício, o que contribui para um orçamento mais equilibrado para uma empresa [**16**]. Este facto contribui para um orçamento mais equilibrado para a empresa em questão. As organizações com uma estratégia de informação abrangente também aumentam a sua capacidade de cumprir a regulamentação governamental, do sector e da empresa, reduzindo assim os riscos.

Economia da informação e estratégia empresarial

O crescimento da Internet e das redes de comunicação introduziu uma nova abordagem à atividade empresarial. Nesta abordagem, a visibilidade de uma organização é alargada para além dos limites da organização física, da localização ou do Estado, passando a constituir empresas digitais ou economias digitais com uma presença global. Esta nova economia foi impulsionada pelo desenvolvimento de infra-estruturas que suportam a Internet, as TIC e a tecnologia digital. A comunidade empresarial sofreu uma mudança fundamental desde o advento da Internet.

As pequenas e médias empresas que operavam a nível local têm agora uma presença internacional; as empresas multinacionais que operavam inquestionavelmente em quase todos os cantos do mundo devido ao seu forte poder financeiro enfrentam agora uma forte concorrência das empresas das economias emergentes; a Internet tornou praticamente fácil comercializar e vender produtos a preços comparativamente mais baixos. O que isto significa é que, na última década, se assistiu a um crescimento sem precedentes da Internet e, por conseguinte, as empresas sofreram uma alteração completa do mercado, de modo que quase todas as empresas têm um espaço ilimitado para competir no mercado.

Os consumidores dispõem atualmente de uma vasta gama de produtos à escolha [**14**]. Com estas ocorrências, a possibilidade de as empresas sobreviverem continuamente neste ambiente empresarial dinâmico pode estar ligada à sua capacidade de inovar e reter os seus clientes actuais. Isto só será possível se estas organizações forem capazes de obter efetivamente uma visão das suas operações e analisar os seus dados operacionais para recolher com precisão informações sobre o mercado e sobre os clientes e as tendências para compreender os seus padrões de compra. Deste modo, a empresa poderá conceber os produtos certos para o cliente e fornecê-los no momento em que são mais necessários.

A economia da informação de uma organização assegura que a empresa se concentra na utilização da informação como um fator-chave para obter uma vantagem competitiva. Assegura que as tecnologias, o pessoal e os procedimentos corretos são reunidos e aplicados eficazmente para analisar todos os aspectos das vastas quantidades de dados que a empresa recolhe e para os explorar, a fim de fornecer os conhecimentos relevantes para influenciar a direção que a empresa toma. O conhecimento pode ser definido como a consciência ou a familiaridade adquirida pela experiência de um facto ou de uma situação. No caso da empresa/SI, definimos conhecimento como a consciência ou compreensão das relações entre os dados. Este conhecimento é essencial, uma vez que dá a uma organização uma visão das suas actividades comerciais e torna os dados mais significativos para uma tomada de decisão eficaz.

CAPÍTULO 5

DADOS ESCUROS

Introdução aos dados obscuros

Atualmente, o ativo mais importante para qualquer organização são os dados. As organizações recolhem e armazenam diariamente grandes quantidades de dados relativos às suas várias actividades comerciais. A compreensão destes dados permite obter melhores conhecimentos, reduzir os custos e os riscos e proporciona vias através das quais a organização pode melhorar o seu desempenho, oferecer melhores serviços aos seus clientes e obter mais receitas, o que lhe confere uma vantagem competitiva no mercado. Foram desenvolvidas ferramentas avançadas para obter esta tão necessária perceção dos dados que anteriormente eram considerados irrelevantes ou inacessíveis devido à sua forma não estruturada. Estas ferramentas ajudam uma organização a analisar os seus dados e os dados de outras fontes externas, como concorrentes, relatórios governamentais, bases de dados proprietárias e outras bases de dados multidimensionais disponíveis na Internet, para obter conhecimentos que podem ser aplicados para melhorar a posição competitiva da organização.

Segundo a IBM, todos os dias são captados 16 Petabytes de dados a nível mundial (Big data). O McKinsey Global Institute estima que o volume de dados está a crescer 40% por ano e que crescerá 44 vezes entre 2009 e 2020. Por exemplo, só em 2012, foram captados 2,72 Zettabytes (ZB) de dados e este valor continua a duplicar todos os anos até atingir 8 ZB em 2015. A Domo.com, uma empresa de TI em linha, prevê em que a quantidade de dados recolhidos irá decuplicar de 4,4 biliões de Gigabytes para 44 biliões de Gigabytes até 2016.

80% destes dados não estão estruturados, pelo que não podem ser utilizados pelas empresas no seu estado atual. Isto significa que muitos dos dados armazenados nas organizações não têm qualquer benefício para a organização no seu estado atual. Para este facto contribuíram sobretudo a otimização do armazenamento de TI, a migração de sistemas, a obrigação de conformidade e a redução global do custo de armazenamento, o que significa que as organizações podem agora armazenar demasiados dados e sob diversas formas a um custo muito baixo. Os avanços nos dispositivos de captura de dados que melhoraram a captura de dados não estruturados, como voz, áudio, vídeo e gráficos, também criaram um grande conjunto de dados dentro e fora dos limites da organização.

O conceito de big data

"Acredito que o poder do Big Data reside no facto de se tratar de informação sobre o comportamento das pessoas em vez de

informação sobre as suas crenças. É sobre o comportamento[4] de clientes, funcionários e potenciais clientes para o seu novo negócio. Não se trata das coisas que publica no Facebook, nem das suas pesquisas no Google, que é aquilo em que a maioria das pessoas pensa, nem dos dados dos processos internos da empresa e dos RFIDs. Este tipo de Big Data vem de coisas como dados de localização do seu telemóvel ou cartão de crédito; são as pequenas migalhas de dados que deixa atrás de si à medida que se desloca no mundo" Sandy Pentland

As empresas captam triliões de bytes de informação sobre os seus clientes, fornecedores e operações, e milhões de sensores em rede estão a ser incorporados no mundo físico em dispositivos como telemóveis e automóveis, detectando, criando e comunicando dados. Os megadados são definidos como enormes conjuntos de dados que são ordens de grandeza superiores *(volume);* mais diversificados, incluindo dados estruturados, semi-estruturados e não estruturados *(variedade)* e que chegam mais rapidamente *(velocidade)* do que qualquer organização já teve de lidar anteriormente. Zikopoulos define "big data" como dados que não podem ser processados utilizando ferramentas e processos

---

[4] Sandy Pentland é um cientista informático (cientista de dados) e professor da Toshiba no MIT, que ajudou a criar o laboratório de média do MIT. Foi considerado o pai dos grandes dados pela revista CIO.

tradicionais de processamento de dados; enquanto um relatório da MCKinsey define "big data" como grandes conjuntos de dados que podem ser capturados, comunicados, agregados, armazenados e analisados; o relatório sugere que "big data" é uma coleção de conjuntos de dados tão grandes e complexos que os sistemas de software dificilmente os conseguem processar.

Quatro caraterísticas fundamentais definem os grandes volumes de dados: são elas,

Volume

Os dados gerados por máquinas são produzidos em quantidades muito maiores do que os dados não tradicionais. Por exemplo, um único motor a jato pode gerar 10 TB de dados em 30 minutos. Com mais de 25.000 voos de companhias aéreas por dia, o volume diário desta única fonte de dados atinge os Petabytes. Os contadores inteligentes e o equipamento industrial pesado, como as refinarias de petróleo e as plataformas de perfuração, geram volumes de dados semelhantes, agravando o problema.

Velocidade

Os fluxos de dados das redes sociais - embora não tão maciços como os dados gerados por máquinas - produzem um grande afluxo de opiniões e relações valiosas para a gestão das relações com os clientes. Mesmo com 140 caracteres por tweet, a alta velocidade (ou frequência) dos dados do Twitter garante grandes volumes (mais de 8 TB por dia).

Variedades

Os formatos de dados tradicionais tendem a ser relativamente bem definidos por um esquema de dados e mudam lentamente. Em contrapartida, os formatos de dados não tradicionais apresentam um ritmo de mudança vertiginoso. À medida que novos serviços são adicionados, novos sensores implantados ou novas campanhas de marketing executadas, são necessários novos tipos de dados para capturar as informações resultantes.

Valor

O valor económico dos diferentes dados varia significativamente. Normalmente, há boas informações escondidas num conjunto maior de dados não tradicionais; o desafio é identificar o que é valioso e depois transformar e extrair esses dados para análise.

Estas grandes quantidades de dados são geradas por dispositivos interligados - desde PCs e telemóveis inteligentes a sensores como leitores de identificação por radiofrequência (RFID) e câmaras de trânsito. O crescimento da computação omnipresente também teve um efeito profundo na recolha de dados. Dispositivos domésticos como frigoríficos, micro-ondas e até televisores digitais podem recolher dados no seu ambiente e analisá-los para fornecer eficazmente informações relevantes aos seus utilizadores. Os grandes volumes de dados são também heterogéneos e apresentam-se em vários formatos, incluindo texto, documentos, imagens, vídeo e outros. Os grandes volumes de dados reflectem não só a forma como uma organização identifica, analisa e utiliza os dados geridos dentro das suas próprias paredes, mas também dados que anteriormente eram considerados inacessíveis, incluindo dados de novas fontes de informação que podem estar fora do controlo de uma organização, para tomar decisões empresariais.

O fenómeno dos grandes volumes de dados cria enormes oportunidades para a sociedade promover a inovação baseada em dados que pode permitir uma tomada de decisões mais rápida e melhor, criando uma vantagem competitiva para a nossa sociedade baseada no conhecimento. Quando os grandes volumes de dados são destilados e analisados em combinação com os dados empresariais tradicionais, as empresas podem desenvolver uma compreensão mais profunda e perspicaz da sua atividade, o que pode levar a uma maior produtividade, a uma posição competitiva mais forte e a uma maior inovação - tudo isto pode ter um impacto significativo nos resultados.

Para obter um verdadeiro valor comercial destes dados, uma organização precisa das ferramentas certas para captar e organizar uma grande variedade de tipos de dados de diferentes fontes e para os poder analisar facilmente no contexto de uma empresa. Isto é dificultado em grande parte pela forma não estruturada em que estes dados existem e pelo facto de nem todos estes dados serem relevantes para a empresa. Assim, a primeira tarefa de qualquer empresa é certificar-se de que os dados que armazena são relevantes para a empresa. Existem várias ferramentas no mercado que ajudam uma empresa a adquirir e a organizar os seus dados e também a explorar esses vastos dados para encontrar significados e relações que sejam relevantes para a empresa. Um bom exemplo são as ferramentas Oracle big data appliance e oracle big data connectors, que fornecem uma solução completa e integrada para responder a todo o espetro de requisitos de big data da empresa.

No entanto, é importante notar que, para tirar o máximo partido dos megadados, as empresas têm de desenvolver as suas infra-estruturas de TI para lidar com estas novas fontes de dados de elevado volume, velocidade e variedade e integrá-las com os dados empresariais pré-existentes para extração. Se tal não for feito, as empresas podem perder o benefício global que teria sido gerado a partir destes dados. Talvez isto seja explicado mais claramente pela Oracle na sua definição de grandes volumes de dados, que os descreve como

- Dados empresariais tradicionais - incluem informações sobre clientes de sistemas de gestão de relações com clientes (CRM), dados transaccionais de planeamento de recursos empresariais

(ERP), transacções de lojas Web e dados de contabilidade geral.

- Dados gerados por máquinas/sensores - incluem registos de detalhes de chamadas ("CDR"), weblogs, contadores inteligentes, sensores de fabrico, registos de equipamentos (frequentemente referidos como escape digital) e dados de sistemas comerciais.
- Dados sociais - incluem fluxos de feedback dos clientes, sítios de microblogging como o Twitter e plataformas de redes sociais como o Facebook.

O conceito de dados obscuros

Os dados obscuros são definidos pela Gartner como "os activos de informação que as organizações recolhem, processam e armazenam durante as actividades comerciais normais, mas que geralmente não utilizam para outros fins (por exemplo, análises, relações comerciais e rentabilização direta)". Esta definição é ainda mais simples para a Comvault, que descreve o big data como os dados que as empresas e a indústria estão a pagar para armazenar, proteger e gerir, mas que não estão a ser utilizados de forma eficiente para melhorar o valor do seu negócio.

De acordo com um estudo do Compliance, Governance and Oversight Counsel, 69% dos dados armazenados de uma empresa não têm qualquer valor para a organização. Então, porquê mantê-los? Assim, propõem a utilização de políticas de retenção baseadas no conteúdo que lhe permitirão manter apenas os dados importantes para a empresa, eliminando assim a necessidade e os custos associados ao armazenamento de dados desnecessários. A capacidade de uma organização para garantir que apenas os dados relevantes são armazenados é fundamental para obter vantagens competitivas. De facto, este é o primeiro passo para garantir que uma empresa é capaz de obter valor dos seus dados existentes. Por conseguinte, o desafio que se coloca atualmente às empresas é decidir quais os dados a manter e quais os que não devem ser mantidos. Por conseguinte, é necessária uma estratégia de informação em todas as empresas, tal como referido no capítulo 2.

De acordo com a investigação, manter apenas o conteúdo com valor comercial pode reduzir os custos de retenção até 70%. Foram identificadas cinco abordagens que podem ser utilizadas para revelar dados obscuros, incluindo

- Gerir o crescimento do armazenamento: isto assegura que a organização mantém apenas os dados que têm valor para o negócio
- Captura holística de dados: que garante que todos os dados produzidos na organização são recolhidos e armazenados.
- Fornecer acesso self-service; porque cada grupo de utilizadores na sua organização necessita de diferentes tipos de dados para apoiar as suas tarefas

- Dar aos utilizadores o autosserviço para procurarem eles próprios os dados de que necessitam nos arquivos da organização, porque são eles que sabem do que mais precisam. Isto maximiza a produtividade da força de trabalho com conhecimentos empresariais transformacionais sobre os dados armazenados.

- Automatização do ciclo de vida dos dados: o estabelecimento de políticas de governação definidas para a eliminação defensável de conteúdos pode ser uma chave importante para a redução dos "dados obscuros". Definir um ciclo de vida claro para os dados, desde o momento em que são criados até ao momento em que são eliminados. Isto ajuda não só a automatizar a retenção de registos, mas também a gerir os seus dados de forma mais estratégica para melhorar a conformidade e a preparação para litígios.

Assegurar a conformidade e a descoberta: ajuda a reduzir os custos e os riscos com a pesquisa em toda a empresa e a descoberta eficiente de todas as informações armazenadas eletronicamente (ESI). Também garante que as informações descobertas são simples e defensáveis e facilita o cumprimento dos requisitos legais e de conformidade.

Fases da iluminação de dados obscuros

Estas fases de iluminação de dados obscuros foram propostas por Ryan Shane num artigo publicado em www.espiongroup.com. Incluem;

1.Classificação dos dados: A fase de identificação tenta descobrir quais os dados que a organização possui e onde estão armazenados (dentro ou fora da organização); a classificação organiza os dados em grupos para refletir as necessidades organizacionais estruturais ou os processos dentro da organização;

2.A fase de controlo gere os dados que foram organizados para garantir a sua segurança e integridade. Esta fase também introduz a análise de dados, que garante que a organização é capaz de obter informações sobre os dados para fins de business intelligence.

3.A monitorização contínua garante que são criados mecanismos adequados para assegurar que os dados são mantidos continuamente para servir as necessidades da organização. Esta fase também garante o retorno dos investimentos (ROI) e identifica áreas de melhoria. Isto capta o conceito geral de iluminar os dados obscuros utilizando a análise (gerir), porque muitos dos dados dentro da organização são normalmente não estruturados e só podem ser utilizados se os conseguirmos extrair e extrair padrões e relações úteis que levem a empresa a tomar as melhores decisões comerciais.

As empresas continuarão a desperdiçar 80% dos dados dos clientes que recolheram; isto de acordo com um estudo de 2015 da domo.com. Mais ainda, a International Data Corporation (IDC) estimou que, em 2013, apenas 22% de todos os dados do mundo eram úteis (podiam ser analisados) e, mesmo nesse caso, apenas 5% foram efetivamente analisados. Um estudo da Universidade do Texas colocou estas estimativas gerais num contexto empresarial: concluiu que, para a empresa média da Fortune 1000, um mero aumento de 10% na usabilidade dos seus dados traduz-se num aumento de 2,01 mil milhões de dólares nas receitas anuais e um aumento de 10% na acessibilidade remota aos dados traduz-se num acréscimo de 65,67 milhões de dólares no rendimento líquido anual . É de salientar que os dados que não podem ser analisados são inúteis para uma organização.

Sobre a relação entre os dados obscuros e os grandes volumes de dados, é de opinião que os problemas causados pelos "grandes volumes de dados" começam logo durante a aquisição de dados, quando o tsunami de dados nos obriga a tomar decisões, atualmente de forma ad hoc, sobre quais os dados a manter e quais os que devem ser descartados, e como armazenar os que mantemos de forma fiável com os dados certos sobre os dados. Isto significa que os problemas dos dados obscuros só podem ser resolvidos durante a aquisição de dados. A organização precisa de identificar os dados necessários a manter e os dados que não acrescentam valor às suas operações comerciais. Por conseguinte, é quase impossível separar estas duas questões, uma vez que é o desafio dos grandes volumes de dados que dá origem aos dados obscuros.

O maior desafio para as empresas atualmente é, portanto, saber como lidar com os grandes volumes de dados. Isto deve-se ao facto de estas empresas terem acesso a uma grande quantidade de informação da qual não sabem como retirar valor, uma vez que esta se encontra na sua forma bruta, num estado semi-estruturado ou não estruturado e, consequentemente, nem sequer sabem se vale a pena guardá-la. Como as organizações estão a enfrentar enormes quantidades de dados, as organizações que não sabem como geri-los ficam sobrecarregadas com eles. Assim, em vez de os dados serem uma arma competitiva, tornam-se uma responsabilidade devido aos custos associados ao seu armazenamento e gestão.

CAPÍTULO 6

ANÁLISE EMPRESARIAL, INTELIGÊNCIA EMPRESARIAL E INTELIGÊNCIA COMPETITIVA

Tomada de decisões com base na informação

A promessa de uma tomada de decisões baseada em dados está agora a ser amplamente reconhecida [**17**]. O objetivo da tomada de decisões empresariais é facilitar a obtenção de receitas elevadas, reduzir o custo de produção e diminuir as despesas globais incorridas pela empresa [**18**]. O estudo da IDC [**4**] sugere que as empresas que se destacam na tomada de decisões baseada em dados são 5% mais produtivas e 6% mais previsíveis do que os seus concorrentes. Além disso, um estudo da IDC concluiu que os utilizadores de grandes volumes de dados e de análises que recolhem os seus dados de diversas fontes e aplicam diversas ferramentas e métricas analíticas têm cinco vezes mais probabilidades de exceder as expectativas nos seus projectos do que aqueles que não o fazem.

Por conseguinte, a tomada de decisões de uma empresa deve ser orientada por uma análise do seu ambiente interno e externo. As vantagens da utilização de computadores neste caso são o facto de permitirem à empresa recolher o máximo de dados internamente com base nos processos organizacionais e nas actividades de processamento de transacções e, ao mesmo tempo, ligar a empresa ao seu ambiente externo, onde os dados de inteligência competitiva (IC) podem ser facilmente recolhidos através da análise do mercado, da análise de tendências, bem como de fontes de dados secundários de instituições governamentais e outras fontes fiáveis fora dos limites da empresa.

Compreender a análise de negócios

A análise empresarial é definida como: Ferramentas e aplicações de gestão de projectos e software de plataforma de armazém de dados utilizados para aceder, transformar, armazenar, analisar, modelar, fornecer e acompanhar informações para permitir a tomada de decisões com base em factos e aumentar a responsabilidade, fornecendo a todos os decisores as informações certas, no momento certo, utilizando a tecnologia certa. A análise empresarial é também definida pela (Techopedia) como soluções de software informático que ajudam os utilizadores a explorar os dados da empresa para tomar decisões empresariais melhores e mais informadas.

Através da utilização de soluções de análise empresarial, as organizações podem identificar instantaneamente os factores que afectam o seu desempenho, criar estratégias prospectivas mais precisas, melhorar a eficiência, aumentar a rentabilidade e melhorar a satisfação e a fidelidade dos clientes. Tal como foi referido no capítulo anterior, a existência de grandes quantidades de dados continua a sobrecarregar algumas organizações, mas existem oportunidades, com a plataforma tecnológica correta, para analisar quase todos os tipos de dados e obter uma compreensão mais profunda dos clientes, funcionários, produtos, concorrentes e mercado da organização.

A utilização de BI, por exemplo, é uma estratégia que pode reunir as forças que impulsionam as operações comerciais, ou seja, pessoas, processos e tecnologia num ambiente de colaboração e permitir a adoção bem sucedida de SI para proporcionar um verdadeiro valor comercial. Análise preditiva, análise de redes sociais, visualização de dados, extração de dados, pesquisa empresarial, análise de localização e soluções de mapeamento estão entre as muitas ferramentas disponíveis na categoria de análise empresarial. A análise de negócios tem tudo a ver com as decisões que são tomadas para gerir um negócio.

Através da utilização da análise empresarial, "os utilizadores podem recuperar, combinar e explorar dados de uma vasta gama de fontes internas e externas para descobrir e identificar padrões, tendências, relações e anomalias. A análise de negócios também pode permitir que os utilizadores façam previsões precisas, antecipando eventos ou resultados futuros com base em informações históricas."

A análise empresarial é a chave para a otimização do desempenho, para a tomada de decisões informadas, para a obtenção de conhecimentos práticos e de informações fiáveis, reunindo todas as informações relevantes numa organização, permitindo assim que as empresas respondam a questões críticas como *"O que está a acontecer?, Porque está a acontecer?,* O que é provável que aconteça no futuro? e como planear esse futuro?" Quatro componentes da análise empresarial, nomeadamente: inteligência empresarial; aplicação analítica, análise avançada e desempenho financeiro e gestão estratégica.

Por conseguinte, a análise de negócios ajuda uma organização a tomar melhores decisões através de conhecimentos empresariais, planeamento e desempenho, desbloqueando dados capturados em sistemas operacionais e financeiros e transformando-os em informações mais úteis e relevantes. As tecnologias de análise de negócios podem ser colocadas sob a alçada dos sistemas de gestão de decisões empresariais (EDM). Estes sistemas exploram métodos e tecnologias para melhorar a eficácia e a eficiência da tomada de decisões na organização. A comparação operacional entre a GED e a automatização informática tradicional é descrita por Butler analytics (2014) como mostra a Figura 2.

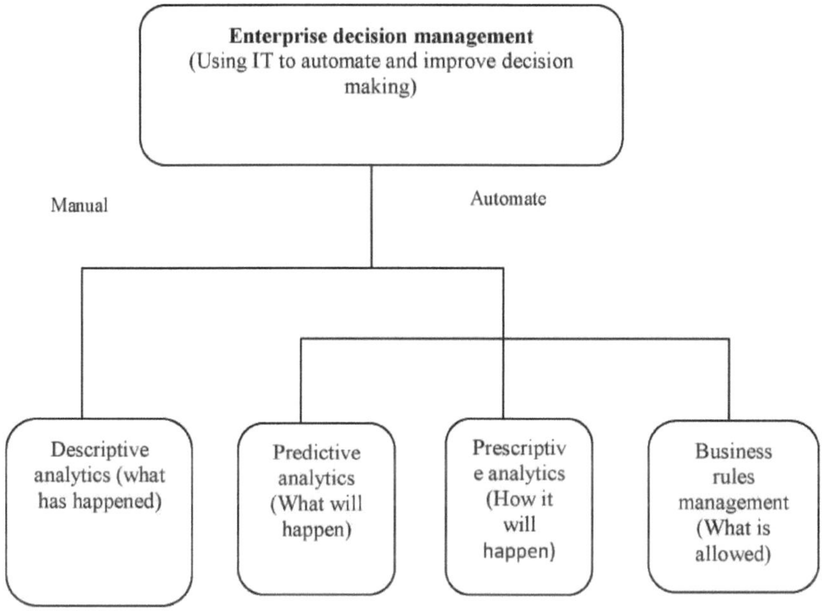

Figura 2: Comparação entre EDM e automatização

Este facto demonstra as vantagens da utilização de sistemas de GED nas organizações, por oposição à tradicional automatização das funções organizacionais por computador. Os sistemas electrónicos de gestão da decisão actuam como máquinas de redução da incerteza, recorrendo à utilização de estatísticas, aprendizagem automática, extração de dados, otimização e motores de regras de negócio para afinar as decisões e aumentar enormemente a velocidade a que as decisões são tomadas.

Inteligência empresarial

A Business Intelligence (BI) combina dados, ferramentas analíticas, metodologias e novas informações extraídas dos dados com conhecimentos empresariais, e orienta-os para o processo de tomada de decisões. A BI é definida como um conjunto de processos e tecnologias que convertem os dados em informação significativa e útil para fins comerciais. O BI centra-se na consulta e na elaboração de relatórios. A diferença entre Business Intelligence e Business Analytics é que o BI procura responder a questões como o que está a acontecer agora e onde e, ao mesmo tempo, procura explicar quais as acções empresariais necessárias com base na experiência anterior. O Business Analytics, por outro lado, procura responder a questões como o porquê de algo estar a acontecer, que novas tendências podem existir, o que vai acontecer a seguir e qual é o melhor caminho para o futuro. O papel do BI nas organizações é fundamental para todas as empresas. A estratégia de BI alinha-se com os objectivos da empresa, melhora a gestão do conhecimento, faz avançar o negócio através da melhor utilização da informação, permite a penetração do BI nos processos empresariais e ajuda a empresa na tomada de decisões estratégicas, tácticas e operacionais.

O BI pode ter um impacto positivo direto no desempenho comercial de uma empresa, melhorando drasticamente a capacidade de cumprir a missão através da tomada de decisões mais inteligentes a todos os níveis da empresa, desde a estratégia empresarial até aos processos operacionais. Os sistemas de BI combinam diferentes recursos de dados em informações sobre os processos da empresa e fornecem essas informações de forma adequada e atempada para apoiar a tomada de decisões de gestão da empresa. A informação baseia-se geralmente na análise de dados operacionais da empresa e serve de base para decisões tácticas e estratégicas.

Todas as organizações desejam encontrar novas formas de melhorar o desempenho, desenvolver relações mais fortes com os clientes, aumentar as receitas e aumentar a eficácia da força de trabalho. A BI tem sido considerada um fator crítico para alcançar esses resultados devido à sua capacidade de apoiar a tomada de decisões informadas a todos os níveis, permitindo aos gestores, executivos e trabalhadores do conhecimento tomar as medidas mais eficazes para cada situação. Com o Business Intelligence, as empresas podem apoiar as decisões estabelecendo um quadro de tomada de decisões baseado em factos através de um sistema informático sólido que proporciona confiança em quaisquer decisões tomadas.

O Business Intelligence (BI) é a combinação de ferramentas, processos e competências que ajudam a transformar a vasta quantidade de dados de uma empresa em informação digerível [**4**]. Para que o BI seja bem sucedido, uma empresa deve, em primeiro lugar, construir uma estratégia de BI eficaz, que seja orientada por objectivos empresariais, permita aos interessados uma melhor tomada de decisões e ajude a empresa a atingir os objectivos desejados [**19**]. Uma estratégia de BI eficaz deve garantir que os objectivos da empresa, a estratégia empresarial, os investimentos e o BI estão alinhados. As empresas que são capazes de ligar o BI aos objectivos globais da empresa tornam-se empresas inteligentes.

O papel da análise de negócios na iluminação de dados obscuros

Em 2010, previu-se que, dentro de alguns anos, os dados chegariam às organizações sob todas as formas imagináveis. Vídeo, texto, correio eletrónico, conversas e fotografias dominarão as nossas bases de dados no futuro. Os sistemas que nos obrigam a estruturar a informação em linhas e colunas ficarão desactualizados. Olhando para a tendência atual, isto já está a acontecer. Por exemplo, os tweets e os blogues são pedaços de texto fracamente estruturados, enquanto as imagens e os vídeos são estruturados para armazenamento e visualização, mas não para conteúdo semântico e pesquisa: transformar esse conteúdo num formato estruturado para análise posterior é um grande desafio. Assim, argumentou que os sistemas futuros devem ser capazes de integrar dados e que estes dados terão uma ligação mais direta com a ação. O valor dos dados explode quando podem ser ligados a outros dados, pelo que a integração de dados é um importante fator de criação de valor.

Duas capacidades de BI e de análise: o seu primeiro argumento é que permite a combinação e modelação de dados de utilizadores empresariais; a integração de plataformas internas; a gestão de metadados; a implantação na nuvem; o desenvolvimento e integração de e a administração de plataformas de BI. O mashup de dados refere-se à integração de dados de várias fontes diferentes para fornecer aos utilizadores uma visão rápida do seu desempenho empresarial. Esta combinação de dados de diferentes fontes, orientada para o utilizador, permite a criação de modelos analíticos, como medidas, conjuntos, grupos e hierarquias definidos pelo utilizador. As "capacidades avançadas incluem a descoberta automática semântica, junções inteligentes, definição inteligente de perfis, geração de hierarquias, linhagem de dados e combinação de dados em fontes de dados variadas, incluindo dados multi-estruturados".

É importante considerar a capacidade do mashup de dados para iluminar a escuridão. Atualmente, a maioria das empresas tem demasiados dados; no entanto, estes dados estão armazenados em vários sistemas díspares. Por conseguinte, a menos que as empresas consigam integrar estes dados numa única fonte, torna-se impossível processar informações que ultrapassam os limites de diferentes sistemas, o que de outra forma seria possível. Uma vez integrados estes dados, podem ser aplicadas ferramentas analíticas para permitir a avaliação estatística desta rica fonte de dados integrados e a identificação de padrões nos dados.

A análise é um processo que envolve a utilização de técnicas estatísticas (medidas de tendência central, gráficos, etc.), software de sistemas de informação (extração de dados, rotinas de ordenação) e metodologias de investigação operacional (programação linear) para explorar, visualizar, descobrir e comunicar padrões ou tendências nos dados. Em termos simples, a análise converte os dados em informações úteis. São explorados três tipos distintos de análises: Descritiva, Preditiva e Prescritiva.

A análise descritiva refere-se à aplicação de técnicas estatísticas simples que descrevem o que está contido num conjunto de dados ou numa base de dados. *A análise preditiva* é a aplicação de métodos estatísticos avançados, de software de informação ou de investigação operacional para identificar variáveis preditivas e criar modelos preditivos para identificar tendências e relações que não são facilmente observadas numa análise descritiva.

A análise preditiva pode ser aplicada na extração de dados passados, na identificação de padrões e tendências nesses dados e na utilização desta nova perspetiva para a tomada de decisões comerciais futuras. Por exemplo, podem ser utilizadas regressões múltiplas para mostrar a relação entre a idade, o peso e o exercício físico nas vendas de alimentos dietéticos. Saber que existem relações ajuda a explicar por que razão um conjunto de variáveis independentes influencia variáveis dependentes, como o desempenho da empresa. Esta capacidade é importante na medida em que ajuda a construir modelos preditivos concebidos para identificar e prever tendências futuras.

A análise prescritiva refere-se à aplicação da ciência da decisão, da ciência da gestão e das metodologias de investigação operacional (técnicas matemáticas aplicadas) para utilizar da melhor forma os recursos disponíveis. O objetivo da análise prescritiva é otimizar a afetação dos recursos, tirando assim partido das tendências previstas ou das oportunidades futuras.

Processo de análise empresarial

A ideia de processo de análise empresarial foi proposta por Marc J. Schniederjans; este propõe que o processo de análise empresarial se baseie na resposta à pergunta: Que informações valiosas ou de resolução de problemas estão bloqueadas nas fontes de dados que uma organização tem disponíveis? É necessário responder a perguntas adicionais em cada uma das três etapas que compõem o processo de BA. Para responder a todas estas perguntas, é necessário extrair a informação dos dados através das três etapas de análise que constituem o processo de análise empresarial. A estatística descritiva é a primeira etapa e é essencial porque, geralmente, a dimensão de algumas fontes de dados pode ser inimaginável, complexa e confusa, pelo que esta primeira etapa ajuda a ordenar os dados e a dar algum sentido ao seu valor informativo. Isto pode incluir a triagem dos dados, tabulações cruzadas e a aplicação das medidas de tendência central para restringir os dados a uma dimensão mais fácil de gerir. Podem ser aplicadas outras medidas, como gráficos, diagramas e gráficos, para ajudar os decisores a visualizar os dados, de modo a compreenderem as oportunidades de conteúdo. A partir desta fase, podem ser identificados alguns padrões ou comportamentos empresariais que representam alvos de oportunidades de negócio e possíveis tendências de comportamento futuro. Tudo isto pode ser utilizando uma aplicação como o Microsoft Excel. Isto é explicado na Figura 2.

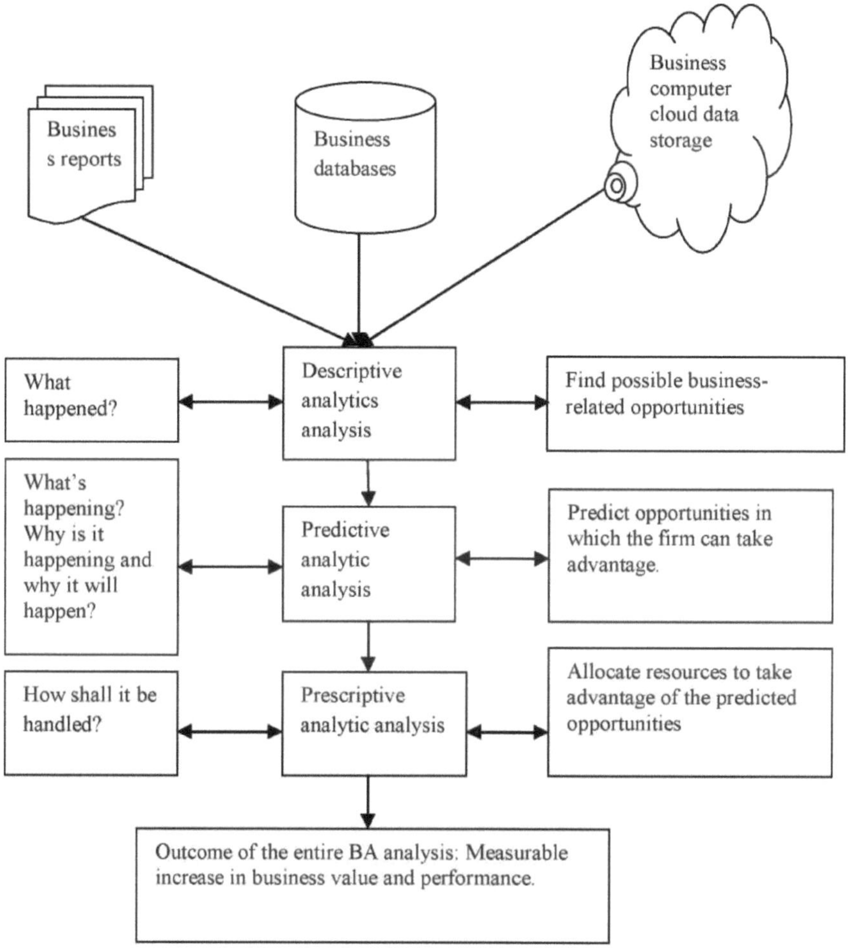

Figura 3: processo de análise de negócios.

A etapa 2 envolve a análise analítica preditiva. Esta etapa é efectuada para determinar se as tendências e o comportamento observados na análise das relações existem ou são verdadeiros e se podem ser utilizados para prever o futuro. A análise de regressão múltipla é normalmente aplicada nesta área. Este método é ideal para estabelecer se existe uma relação estatística entre as variáveis preditivas encontradas na análise descritiva. Quando a regressão não é prática, outros métodos de previsão, como a suavização exponencial e as médias suavizadas, podem ser aplicados como análise preditiva para desenvolver as previsões necessárias das tendências empresariais. A identificação de tendências futuras é o principal resultado/atividade desta etapa.

Quando uma empresa é capaz de prever o que vai acontecer no futuro, pode então tirar partido disso e investir adequadamente para satisfazer essa necessidade futura ou tirar partido da oportunidade identificada. Por conseguinte, a etapa 3 (análise prescritiva) aplica várias metodologias de investigação operacional para otimizar a afetação dos recursos limitados de uma empresa, de modo a tirar o melhor partido das oportunidades encontradas nas tendências futuras previstas. Os limites dos recursos humanos, tecnológicos e financeiros impedem qualquer empresa de aproveitar todas as oportunidades disponíveis num determinado momento [**10**]. A utilização da análise prescritiva permite à empresa afetar recursos limitados para atingir os objectivos de forma óptima e tão completa quanto possível. A programação linear, por exemplo, tem sido aplicada há muito tempo na otimização da cadeia de abastecimento. Esta etapa responde à questão da melhor forma de afetar os recursos e gerir a tomada de decisões no futuro.

Inteligência competitiva e sistemas de informação

A capacidade de ser pró-ativo e não reativo é uma das melhores técnicas para criar valor dentro de uma organização. Para tal, é necessário um processo contínuo de transformação da informação em inteligência, para que uma empresa possa planear e gerir o futuro. A crescente concorrência internacional significa que as empresas estão sob maior pressão para descobrir o que os outros no sector estão a fazer. Esta informação é essencial para permitir que as organizações tomem melhores decisões sobre a melhor forma de direcionar as suas energias para a sua agenda competitiva. A Inteligência Competitiva (IC) *"é a recolha e análise de informação para antecipar a atividade competitiva, ver as perturbações do mercado no passado e interpretar desapaixonadamente os acontecimentos"*.

(www.fuld.com). A inteligência competitiva é a monitorização coordenada e intencional do(s) seu(s) concorrente(s), num mercado específico. A IC tem por objetivo determinar o que os seus concorrentes farão antes de o fazerem.

A inteligência competitiva requer um processo contínuo de transformação de informações comerciais dos concorrentes e de outros intervenientes do sector em informações para que uma empresa possa gerir o futuro. Muitas organizações aplicaram anteriormente tácticas dissimuladas na recolha de informação competitiva dos seus concorrentes. Esta prática é designada por espionagem. A Internet criou um vasto manancial de informação que só tem de ser analisado para obter inteligência competitiva. Ganhar uma batalha na área empresarial implica, como em qualquer outro confronto, conhecer muito bem o adversário, neste caso, a concorrência. O gestor não pode fazer uma estratégia viável, baseada apenas em informações sobre a sua empresa. Uma estratégia competitiva significa que se é competitivo porque se diferencia dos outros. E para isso, é preciso saber o que os outros estão a fazer.

Atualmente, os CEO's necessitam de um sistema de alerta que possa fornecer atempadamente as informações relevantes do ambiente empresarial, de modo a poderem tomar decisões com um nível seguro de certeza que permita à empresa manter a sua vantagem competitiva. A globalização do mercado e a velocidade de evolução das TIC exigem a utilização de sistemas de monitorização capazes de identificar nichos de oportunidade essenciais para o crescimento das empresas. Uma das melhores ferramentas para tornar isso possível é a Inteligência Competitiva.

A inteligência competitiva apoia o planeamento estratégico de todas as empresas. A IC nas organizações empresariais beneficiou grandemente das práticas e conhecimentos dos serviços secretos militares e governamentais. Muitos dos pioneiros na comunidade de inteligência empresarial migraram de uma variedade de organizações governamentais. Feito corretamente, isto ajuda a empresa a evitar surpresas, antecipando os movimentos da concorrência e diminuindo o tempo de resposta. Simplificando, a inteligência competitiva é um método de recolha e análise de informações que permite às empresas identificar possíveis mudanças em relação aos concorrentes antes que estas se tornem óbvias. Os dados podem ser recolhidos a partir de fontes públicas ou privadas, de contactos com o pessoal ou clientes de um concorrente ou de pesquisas no terreno. Uma regra fundamental é que todas as actividades devem ser legais. Os profissionais de IC devem também revelar sempre a sua identidade e não recolher informações sob falsos pretextos.

A base da inteligência competitiva é saber a diferença entre informação e inteligência. A informação é factual. São números, estatísticas, pedaços de dados divulgados sobre pessoas e empresas e o que estas têm feito que parecem ter interesse. Muitas vezes, a informação parece estar a dizer-nos algo, mas na realidade não está. Não se pode tomar boas decisões com base na informação, por mais exacta que seja ou por mais abrangente que seja. A inteligência, por outro lado, é uma coleção de informações que foram filtradas e analisadas. Foi transformada em algo que pode ser utilizado. A inteligência é o que os gestores precisam para tomar decisões, não a informação. Outro termo para inteligência é conhecimento. O conhecimento refere-se à consciência e compreensão das relações entre as informações/dados. Para transformar dados em informação, precisamos de conhecimento. O conhecimento permite a uma organização extrair diferentes significados dos dados que detém.

O conhecimento também permite que a organização tome decisões de negócio com base nas diferentes perspectivas em que analisa criticamente a informação ou os dados que detém. A inteligência competitiva é uma componente essencial para o desenvolvimento de uma estratégia empresarial. A análise da inteligência competitiva fornece informações sobre a dinâmica e os desafios do mercado de uma forma estruturada, disciplinada e ética, utilizando fontes publicadas e não publicadas (www.fuld.com).

Inteligência competitiva baseada em SI

O principal objetivo deste livro é descobrir de que forma a informática e os sistemas de informação podem ser utilizados para impulsionar os principais objectivos de uma empresa através da geração de conhecimentos relevantes que são acionáveis por uma empresa para apoiar a tomada de decisões. Por conseguinte, no domínio da inteligência competitiva, a questão é saber como as TI/SI podem orientar as estratégias de IC das empresas. A questão a que a IC responde é: Porque é que as grandes organizações, com grandes produtos, gestores inteligentes e outros pontos fortes de sucesso, desaparecem do mercado? As economias de escala, a base sobre a qual as grandes empresas assentaram o seu domínio na Era Industrial, já não são uma vantagem.

As mudanças nas tecnologias da informação, no sistema financeiro, nas técnicas de produção just-in-time e no surgimento de empresas que oferecem sistemas de distribuição e apoio que anteriormente só as maiores empresas podiam pagar - eliminam as vantagens de ser grande. A IC é, por conseguinte, um instrumento essencial para a estratégia empresarial. Num ambiente empresarial dinâmico, em que grandes mudanças foram provocadas pela evolução das TI, em que pequenas empresas, anteriormente desconhecidas, que não tinham recursos para competir numa arena global, têm agora essa capacidade impulsionada pelos mercados digitais, todas as empresas precisam de saber o que as outras empresas estão a planear fazer para sobreviver no mercado.

Para competir eficazmente no mercado, as organizações devem recolher e processar de forma estratégica e organizada uma enorme quantidade de informação sobre o meio envolvente (clientes, concorrentes, fornecedores, governo, tendências tecnológicas), de forma a identificar e definir o seu ambiente de negócio, a analisar as oportunidades e ameaças que surgem constantemente e a utilizar esta informação na formulação e implementação das suas estratégias.

As TI e os SI podem ser efetivamente utilizados nestas áreas para recolher e tratar esta informação para uma organização. Para uma seleção e utilização adequadas das ferramentas TIC que apoiam o processo de IC, a organização precisa de saber qual é a função de IC, definir o papel das ferramentas TI/SI neste processo e analisar a relação entre as ferramentas TI/SI e os processos de informação competitiva [**20**]. Concluem que, embora as ferramentas TI/SI sejam um verdadeiro apoio às actividades de IC, a produção de informações continua a ser uma atividade humana específica, porque o recurso humano é a única "máquina" capaz de colocar os dados das aplicações TIC numa perspetiva estratégica adequada.

Vriens (2004) observa que, para que a inteligência estratégica seja bem sucedida, uma organização precisa de implementar uma "infraestrutura de inteligência" composta por três partes, nomeadamente: tecnológica (TI e SI), cuja principal função é apoiar outras fases do ciclo de inteligência; recursos humanos e parte estrutural que define e atribui responsabilidades para a IC. Este facto demonstra que o papel das TI/SI é fundamental para o êxito da aplicação das estratégias de IC. O desenvolvimento de várias ferramentas de processamento de informações, como a extração de dados, a análise, a inteligência comercial, o processamento analítico em linha (OLAP) e os painéis de controlo, reforçou o papel das tecnologias da informação e da comunicação na condução de estratégias competitivas. Por exemplo, são recolhidas enormes quantidades de dados dos concorrentes, de agências governamentais, de bases de dados de relações com clientes, de sistemas de informação geográfica, de sistemas de análise de mercados e de tendências.

Com o desenvolvimento das ferramentas TIC, como a extração de dados, é possível extrair padrões de dados e relações significativas destas vastas quantidades de dados, que permitem prever possíveis comportamentos futuros, por exemplo, no mercado; o comportamento dos clientes em diferentes cenários e as mudanças de mercado que se podem esperar quando se apresentam diferentes situações. Além disso, os concorrentes podem ser perfilados e a informação analisada utilizando a análise de dados para fornecer informações sobre as suas respostas e acções no mercado, permitindo assim que uma empresa compreenda melhor o ambiente de mercado a partir da posição dos concorrentes. O papel dos sistemas de informação na IC é, por conseguinte, fundamental.

No entanto, existe uma diferença entre BI e IC: enquanto BI é a atividade de monitorização sobretudo dos processos empresariais internos, a IC centra-se na monitorização do ambiente externo e utiliza recursos públicos para localizar e desenvolver informações sobre a concorrência e os concorrentes. A IC é a exploração natural da crescente disponibilidade de bases de dados comerciais em todo o mundo, dos meios de comunicação social em linha e do desenvolvimento de tecnologias de informação de ponta. A BI é a gestão dos processos internos e dos dados bem estruturados de uma empresa. Nenhuma destas duas vertentes pode substituir a outra e cada uma delas é fundamental para impulsionar o desempenho de uma empresa.

CAPÍTULO 7

GOVERNAÇÃO DO IT/IS

Governação das TI

A governação das tecnologias da informação (TI) é uma componente essencial para todas as organizações que consideram e utilizam as TI como um fator-chave do desempenho empresarial. A governação das TI é definida pelo CIO (www.cio.com) como uma estrutura em torno da forma como uma organização alinha a estratégia das TI com a estratégia empresarial, garantindo que as empresas se mantêm no caminho certo para atingir as suas estratégias e objectivos e implementando novas estratégias para medir o desempenho das tecnologias da informação. Garante que todos os interesses das partes interessadas são tidos em conta e que os processos fornecem resultados mensuráveis. A governação das tecnologias da informação é a capacidade organizacional exercida pelo conselho de administração, pela direção executiva e pela gestão das TI para controlar a formulação e a aplicação da estratégia das TI e, deste modo, garantir a fusão entre a empresa e as TI. A governação das TI é da responsabilidade do Conselho de Administração e da Direção Executiva. É uma componente essencial da governação da empresa e consiste na liderança e nas estruturas e processos organizacionais que garantem que as TI da organização sustentam e alargam a estratégia e os objectivos da organização [**21**]. Estas definições evidenciam a questão principal, na medida em que a governação das TI procura garantir que os sistemas de TI estejam ligados aos objectivos da organização e ao papel global da gestão na mesma.

Principais domínios da governação das TI

De acordo com o CIO, as principais áreas da governação das TI incluem

- Alinhamento estratégico: Ligar os objectivos empresariais e os objectivos de TI para garantir que funcionam bem em conjunto. O verdadeiro alinhamento só pode ocorrer quando a parte empresarial da empresa comunica eficazmente com os líderes da linha de negócios e os líderes de TI sobre custos, relatórios e impactos.

- Entrega de valor: trata-se de garantir que o departamento de TI faz o que é necessário para entregar os benefícios das TI que faziam parte de todas as implementações de projectos de TI feitas no início de um projeto ou investimento. A melhor forma de controlar tudo é desenvolver um processo para garantir que certas funções são aceleradas quando a proposta de valor está a crescer e eliminar funções quando o valor diminui.

- Gestão de recursos: Uma organização pode ser capaz de gerir os seus recursos de forma mais eficaz organizando o seu pessoal de forma mais eficiente. Por exemplo, com base nas competências em vez de se basear no ramo de atividade. Isto permite às organizações destacarem funcionários para várias linhas de negócio numa base de procura.

- Gestão do risco: Instituir um quadro de risco formal que coloque algum rigor em torno da forma como as TI medem, aceitam e gerem o risco, bem como informar sobre o que as TI estão a gerir em termos de risco.

- Medidas de desempenho: Criar estruturas para medir o desempenho da empresa. Um método popular envolve a instituição de um Balanced Scorecard de TI, que examina em que medida as TI contribuem para a realização dos objectivos comerciais, sendo um utilizador responsável dos recursos e desenvolvendo as pessoas.

Todas as organizações, grandes ou pequenas, públicas ou privadas, precisam de uma forma de garantir que a função de TI sustenta as estratégias e os objectivos da organização. Isto significa que uma estrutura de governação de TI é um requisito essencial para todas as organizações. O nível de sofisticação aplicado à governação de TI pode, no entanto, variar consoante a dimensão, o sector ou a regulamentação aplicável. Isto significa que, quanto maior e mais regulamentada for a organização, mais detalhada deve ser a estrutura de governação das tecnologias da informação.

Governação da informação

A governação da informação é uma componente crítica de qualquer sistema de governação de TI de uma organização. A estratégia de governação da informação de uma empresa demonstra como uma governação da informação eficaz pode ajudar a empresa a fazer a melhor utilização da sua informação e, consequentemente, ajudar na realização dos seus objectivos principais e na melhoria dos processos empresariais. Com a crescente dependência de grandes volumes de dados para a tomada de decisões nas organizações, a importância de um quadro de governação da informação tornou-se ainda mais essencial. Esta estrutura reforça ainda mais os objectivos empresariais de abertura e transparência sobre o que a organização faz e torna os indivíduos de uma empresa responsáveis pelas acções que tomam. Dá confiança àqueles que fornecem informações pessoais à organização de que as suas informações serão geridas de forma adequada, aumentando assim a responsabilidade na utilização das informações por parte da organização. A política de governação da informação empresarial deve estar devidamente alinhada com os requisitos comerciais e operacionais de uma empresa.

Objetivo da governação da informação

É necessário que todas as organizações desenvolvam uma política de governação da informação. Mesmo nos próprios governos, a necessidade de uma política de informação nos ministérios e departamentos governamentais é fundamental. Em alguns ministérios e departamentos governamentais, como os relacionados com a saúde e o registo de pessoas, uma política de informação deve ser um requisito. A importância de uma política de informação inclui, entre outros, os seguintes aspectos

- Garantir que as informações detidas são adquiridas de forma justa e legal. Isto elimina quaisquer desafios legais na utilização da informação. Garante também que as considerações éticas da organização são corretas, definindo as normas que os funcionários da organização deverão cumprir.

- Garante que os dados e a informação detidos numa organização são protegidos contra o acesso não autorizado (acidental ou intencional) e de forma confidencial. Por confidencial, entende-se que apenas o pessoal autorizado tem permissão para aceder a informações críticas relacionadas com a empresa e os seus activos.

- Estabelece as normas de utilização da informação, garantindo que os dados/informações são utilizados de forma ética e eficaz.

- Garante que os dados/informações são partilhados e divulgados de forma adequada e legal.

- A governação da informação garante que os dados da organização são recolhidos de forma fiável. A fiabilidade é a dependência dessa informação. A fiabilidade da informação é garantida pela garantia de que os dados são recolhidos de fontes fiáveis e com base no método de recolha de dados utilizado. Por exemplo, um tweet anónimo (fonte) que prevê que os preços do petróleo vão baixar drasticamente no próximo mês não é fiável para tomar uma decisão de investimento.

Proteger os activos de informação de uma organização

A informação é um ativo crítico para as empresas, tal como qualquer outro ativo. A sua proteção e gestão devem estar no centro da gestão de todas as organizações. Como pode então uma empresa proteger a sua informação?

- Assegurando que todos os empregados da empresa recebam formação sobre segurança da informação. Além disso, esta formação deve ser rotineira, porque as ameaças à segurança da informação no ambiente informático dinâmico estão sempre a evoluir. A cada novo dia, há uma nova ameaça à informação da empresa e, por isso, os funcionários devem estar preparados para combater as ameaças emergentes.

- Qualquer violação da segurança da informação, real ou suspeita, deve ser comunicada e investigada pela equipa de gestão da governação da informação.

- As informações devem ser sempre apoiadas por dados da mais alta qualidade. Dados exactos garantem informações exactas. Dados inexactos comprometem a qualidade da informação gerada.

- A confidencialidade das informações deve ser sempre assegurada.

- A integridade da informação será mantida. Isto pode ser feito garantindo a integridade dos dados, dos métodos de recolha de dados, garantindo a segurança dos dados e garantindo a integridade dos sistemas de tratamento de dados.

- As informações serão apoiadas por dados da mais alta qualidade.

- Os requisitos regulamentares e legislativos serão cumpridos. Isto assegurará que os sistemas dentro da organização cumprem a lei e que não há possibilidade de lacunas legais.

- Efetuar uma avaliação do risco da informação para analisar eventuais riscos para a informação específica detida.

Integridade da informação

Necessidade de integridade da informação

Atualmente, uma das principais preocupações dos decisores está relacionada com a exatidão das informações geradas pelos vários sistemas empresariais. Os seus receios são justificados, pois basear uma decisão de investimento empresarial em informações inexactas pode ser desastroso para uma empresa. Por conseguinte, é essencial que os sistemas de informação garantam o mais elevado nível de integridade da informação. A integridade da informação refere-se à validade e à consistência da informação gerada por um sistema. Refere-se à fiabilidade da informação para apoiar as decisões da empresa. Refere-se à adequação da utilização da informação fornecida.

No atual ambiente empresarial exigente, garantir a integridade da informação empresarial tornou-se cada vez mais importante. Por exemplo, os diretores financeiros e outros líderes necessitam de acesso atempado a uma variedade de informações financeiras e de gestão de riscos, tanto para a elaboração de relatórios como para a tomada de decisões. Os analistas de investimento precisam de ter acesso a uma variedade de informações relacionadas com as tendências do mercado, informações legislativas e relatórios financeiros necessários para tomar decisões de investimento rigorosas. Mesmo aos níveis mais baixos de gestão de uma empresa, a capacidade dos gestores operacionais para tomarem as decisões eficazes necessárias para fazer avançar a empresa depende do fornecimento de informações exactas e fiáveis. A nível externo, uma informação rigorosa e transparente inspira confiança às entidades reguladoras, aos investidores e a outros acionistas. A nível interno, a existência de informações sólidas e fiáveis permite melhorar a governação e a tomada de decisões de gestão.

Garantir a integridade da informação

Não existe uma abordagem clara que as empresas possam utilizar para garantir a integridade da sua informação. Isto deve-se ao facto de estarem envolvidos vários factores ao longo do ciclo da informação, desde o momento em que os dados são captados até ao seu processamento, passando pelo armazenamento e subsequente manutenção.

A qualidade do sistema como chave para a integridade da informação

Para ter confiança no valor da informação empresarial, os líderes precisam de confiar e ter uma confiança inquestionável nos sistemas de informação organizacionais que geram a informação. Os decisores também precisam de ter confiança nos controlos que estão integrados no sistema de informação.

A forma mais fácil de garantir a qualidade dos sistemas organizacionais é assegurar que não tentamos implementar a qualidade no final do processo de desenvolvimento do sistema de informação, mas sim garantir que os controlos de qualidade fazem parte do processo de desenvolvimento. Isto significa que, desde a conceção até à manutenção, a qualidade deve ser uma componente crítica. As organizações dependem de forma tão crítica dos sistemas de informação que as vulnerabilidades do sistema e as questões de controlo devem ser identificadas o mais cedo possível no processo de desenvolvimento do sistema. Os controlos de um sistema de informação devem ser parte integrante da sua conceção. Os analistas de sistemas e a equipa de desenvolvimento devem estar conscientes deste facto.

Para minimizar os erros, a interrupção do serviço, as catástrofes, a criminalidade informática e a violação da segurança, é necessário incorporar controlos na conceção e implementação dos sistemas de informação [**1**]. Estes controlos são uma combinação de procedimentos manuais e automatizados que salvaguardam os sistemas de informação e garantem que estes funcionam de acordo com as normas de gestão. Consistem em todos os métodos, políticas e procedimentos da organização, que garantem a segurança dos activos de uma organização; a exatidão e fiabilidade das normas contabilísticas da empresa e a adesão operacional às normas de gestão [**1**].

Necessidade de qualidade dos dados

Vários factores podem comprometer a qualidade dos dados de uma organização. Desde os tradicionais sistemas baseados em ficheiros até às bases de dados, a questão da sincronização dos dados tem sido um tema quente. Nos sistemas tradicionais baseados em ficheiros, o facto de os dados estarem armazenados em várias aplicações diferentes que, na maioria dos casos, existiam em formatos diferentes, tornava impossível a sincronização dos dados e, consequentemente, a resolução de consultas que exigiam o acesso a dados que existiam em várias aplicações diferentes. É importante notar que os dados para resolver as consultas existiam de facto, mas o facto de estarem armazenados em várias aplicações diferentes tornou-se um desafio. Com o desenvolvimento dos sistemas de bases de dados, foi eliminado o desafio de haver várias aplicações diferentes com dados relacionados numa organização. Isto deve-se ao facto de todos os sistemas de informação terem uma base de dados que funciona como um repositório central de dados. Assim, é possível extrair dados que abrangem mais do que uma aplicação (ficheiro) através da utilização de consultas.

No entanto, nos casos em que uma empresa tem vários sistemas de informação, surge o mesmo desafio de sincronização. O facto de os dados residirem em vários sistemas diferentes torna difícil a sua reconciliação. Além disso, estes dados podem não estar estruturados para suportar as necessidades actuais; podem não ser consistentes e, mais ainda, podem ser difíceis de reconciliar entre sistemas [**22**]. Com a vasta quantidade de dados nas organizações a crescer exponencialmente, a qualidade dos dados pode ser grandemente comprometida, especialmente quando a sincronização não é totalmente conseguida. Assim, os problemas com os dados subjacentes podem levar a vários desafios e ineficiências e podem impedir muitas organizações de atingir os seus objectivos.

Isto significa que o sistema pode ser sólido, mas o estado dos dados no sistema pode ser inadequado para suportar os requisitos de informação. A grande quantidade de dados gerados por uma organização, que circulam dentro e fora das organizações e a medida em que os dados são extraídos do sistema subjacente e subsequentemente manipulados para satisfazer as necessidades de tomada de decisões tornam a situação ainda mais complexa. Quando a propriedade não é clara e a estrutura dos dados não é claramente compreendida, a capacidade da empresa para gerar automaticamente relatórios significativos fica comprometida.

Proteção da informação

No início do capítulo 4, salientámos brevemente a necessidade de proteção das informações pessoais contidas nos sistemas da organização. Continuam a surgir todos os dias novas ameaças à segurança dos dados/informações armazenados nos sistemas da organização. Para tal contribuem principalmente os seguintes factores

- O avanço das tecnologias da informação e o desenvolvimento de ferramentas informáticas que podem ser utilizadas para penetrar nos sistemas organizacionais. Estas ferramentas são normalmente fáceis de utilizar, o que significa que não é necessário ser um perito técnico em informática para piratear um sistema.

- Migração das empresas para sistemas baseados na Web. A

Internet facilitou a implantação de sistemas normalizados em todas as filiais das organizações com vários locais. Mesmo para as organizações com um único local, a necessidade de presença global obrigou as organizações a desenvolver a presença eletrónica para alcançar novos clientes e mercados. A migração para sistemas baseados na Web tem as suas vantagens, mas também aumenta o âmbito dos ataques a uma organização. Isto deve-se ao facto de esses sistemas poderem ser acedidos remotamente, o que significa que a empresa tem uma tarefa adicional de analisar os riscos colocados ao sistema, tanto interna como externamente, e desenvolver estratégias claras para minimizar esses riscos.

- Mecanismos de segurança informática deficientes nas organizações: durante muito tempo, a segurança informática foi tratada como uma questão secundária e apenas considerada no final do processo de desenvolvimento. Isto significa, essencialmente, que são implementados nas organizações sistemas inseguros com pouco ou nenhum controlo.

- Envolvimento da gestão no processo de desenvolvimento do sistema: num inquérito realizado junto dos quadros superiores de instituições de ensino no Quénia [27], muito poucos admitiram estar envolvidos no desenvolvimento de sistemas de informação. Este é o caso mesmo de muitas outras empresas. Significa, portanto, que a maioria dos sistemas de informação organizacionais que existem, especialmente onde há uma consciência limitada do papel dos sistemas de informação pela direção, são semelhantes. Muito poucas organizações encomendam o desenvolvimento de sistemas de informação internamente, pelo que acabam por os adquirir a fornecedores de software. Isto significa que, numa determinada linha de negócio dentro de uma economia, as empresas acabam por utilizar o mesmo sistema. O desafio desta situação é que quanto mais pessoas souberem como operar e gerir um sistema organizacional, mais vulnerável é o sistema a casos de fraude.

Considerações fundamentais para a segurança da informação

Que considerações deve, portanto, uma empresa pôr em prática para gerir mais eficazmente os seus recursos de informação e dados?

1. Identificar os mandatos legais, de auditoria e regulamentares que o sistema de informação deve cumprir.

2. Determinar quais os principais activos de informação que geram valor comercial ou constituem riscos comerciais importantes.

3. Identificar os controlos e requisitos que regem estes activos de informação; estes incluem controlos/processos manuais, controlos de governação, controlos legais, controlos de segurança de TI, requisitos de retenção e quaisquer requisitos de terceiros de confiança.

4. Avaliar as lacunas entre os controlos e os objectivos do projeto.

5.Implementar processos, políticas, controlos e métricas que apoiem a governação sustentável.

6.Estabelecer e conduzir uma mudança cultural: fazer com que os empregados compreendam que a informação é um ativo.

Bibliografia

[1]Kenneth C. Laudon e Jane P. Laudon, *Essentials of Management Information Systems,* Primeira edição, Ed. New Jersey, Estados Unidos: Prentice-Hall, Inc, 2002.

[2]Oracle, "Oracle: Big Data for the Enterprise", Oracle, Redwood, Livro Branco 2013.

[3]Intel, "Big data policy position paper", 2012.

[4]domo.com, "From big data to better decisions," 2 014.

[5]Shane Ryan, "Illuminating Dark Data", 2014.

[6]Bloomberg, "File Analytics Provides 'Dark Data' File Analytics, discovery and governance," Bloomberg LP, Nova Iorque, Compliance and Risk management solution S571055475 0315 DIG, 2 015.

[7]IMB, *Information Governance principles and practices for a big data landscape (Princípios e práticas de governação da informação para um panorama de grandes volumes de dados*), primeira edição. Nova Iorque, Estados Unidos: IBM Red books, 2014.

[8]MCKINSEY, "Big Data: The Next Frontier For Innovation, Competition and Creativity", MCKINSEY Global Institute, Nova Iorque, 2011.

[9]Paul Zikopoulos, Chris Eaton, Diroos Dirk, Tom Deutsch e

George Lapis, *Understanding Big Data: Analytics for Enterprise Class Hadoop and Streaming Data,* 1ª ed., Steve Sit, Ed. Nova York, Estados Unidos: MCGRAW-HILL, 2012.

[10] Marc J. Schniederjans, Dara G. Schniederjans, e Christopher M. Starkey, *Business Analytics Principles, Concepts and Applications,* 1ª ed., Gill Editorial Services, Ed. New Jersey, Upper Saddle River: Pearson Education, Inc., 2014.

[11] Viewpointe, "dark data, big data, your data: Creating an action plan for information governance," Estados Unidos, 2013.

[12] KPMG, "Big data top challenges", KPMG LLP, Delaware, 2015.

[13] David Loshin, "Addressing five emerging challenges of big data", www.progress.com, white paper N.D.

[14] Bob Smith, "E-Business strategies", Virginia Tech, Nashville, apresentação em outubro de 2001.

[15] David J. Teece, "Business Models, Business strategy and Innovation", *Elsevier Ltd,* pp. 172194, 2009.

[16] www.consultparagon.com, "benefits of creating an information governance strategy", Paragon solutions, 2014.

[17] Divyakant Agrawal, Philip Bernstein, Elisa Bertino, Susan Davidson e Umeshwar Dayal, "Challenges and Opportunities with Big Data", Estados Unidos, Livro Branco de 2012.

[18] Kush R. Varshney, "Introduction to Business Analytics", 2012.

[19] Prashant Pant, "Business intelligence (BI) How to build successful BI strategy", Delloite, Practitioner 2009.

[20] Ramona-Mihaela Matei e Ioan RADU, "Conceptual Relationship between Information and Communication Technologies and Competitive Intelligence Activities", *Economia. Seria Management,* pp. 297-307, 2012.

[21] Steven De Haes e , Wim Van Grembergen, "IT Governance Structures, Processes and Relational Mechanisms Achieving IT/Business Alignment in a MajorBelgian Financial Group," *University of Antwerp Management School,* pp. 1-18, N.D.

[22] KPMG, "Information Integrity: imroving and protecting data quality, access and value", KPMG LLP, Estados Unidos, Advisory 071002, 2007.

[23] IBM, "Aligning IT with strategic business goals", *IBM Global Technology Services,* pp. 1-12, 2012.

[24] Oracle, "The Challenge of Strategic Alignment:The role of Scorecards & Dashboards in Strategy Execution," *FSN & Oracle*, pp. 1-14, 2008.

[25] Gerry Johnson e Kevan Scholes, *Exploring Corporate Strategy, 6ª edição:* Financial Times/Prentice Hall, 2002.

[26] Tracy A. Jenkin, Jane Webster, e Lindsay McShane, "An agenda for green Information Technology and Systems Research," *Information and Organization,* pp. 17-40, 2011.

[27] Ramon Casadesus-Masanell e Joan E. Ricart, "From strategy to business models and to tactics", *Havard Business School,* pp. 1-45, 2009.

[28] Fabian Loeser, Koray Erek, Nils-Holger Schmidt, Ruediger Zarnekow e Lutz K. Kolbe, "Aligning Green IT with Environmental Strategies: Development of a Conceptual Framework that Leverages Sustainability and Firm Competitiveness," , Detroit Michigan, 2011.

[29] Colin Beveridge, "Aligning IT with business strategies", Manchester,.

[30] A&G, "IT Architecture in Action: Bridging business and IT strategies", *Architecture and Governance,* vol. 4, n.º 2, pp. 19-25, junho de 2008.

[31] Anabel Gutierrez, "Alinhamento dos projectos de sistemas de informação com a estratégia empresarial: Evolução do pensamento e da prática", Regent's University, Londres, Regent's Working Papers in Business & Management 2014 2014.

[32] CETISME, "Economic Intelligence: A guide to beginners and practitioners", Comissão das Comunidades Europeias, Comissão

Europeia, Economic 2002.

[33] Michael Porter, "competitive strategy", *The academy of management journal,* 1980.

[34] Oxfrord University press, *Oxford English dictionary.* Londres: Oxford University Press.

[35] Abdisalam Issa-Salwe e Khalid Aloufi, "Integrating competitive advantage with strategic Information Systems planning", *Academy of Taiwan Information System research,* vol. 8, n.º 1, pp. 1-12, 2011.

[36] Ray M. Kekwaletswe e Palesa Chuene Mathebula, "Aligning Information Systems strategy with the Business Strategy in a South African Banking Environment," *2014 Proceedings of the Conference for Information Systems Applied Research, Baltimore, Maryland USA,* pp. 1-13, 2014.

[37] Ahmed Elmorshidy, "Aligning IT With Business Objectives:A Critical Survival And Success Fator In Today's Business," *The Journal of Applied Business Research,* vol. 29, no. 3, pp. 819-828, junho de 2013.

[38] Saeed Rouhani, Sara Asgari, e Seyed Vahid Mirhosseini, "Review Study: Business Intelligence Concepts and Approaches," *American Journal of Scientific Research,* no. 50, pp. 62-75, 2012.

[39] Collin Combe, *Introduction to E-business management and*

strategy. Oxford: Elsevier Ltd, 2006.

[40] Gartner, "Magic Quadrant for Business Intelligence and Analytic platforms", 2015.

[41] Commvault, "5 ways to illuminate your dark data," 2014.

[42] Computer World, "Defining business analytics and its impact on organizational decision making", Estados Unidos, 2009.

[43] IBM, "Business analytics for banking: 3 ways to win", Otava, 2010.

[44] Butler analytics, "Business analytics yearbook 2015", 2014.

[45] Marketa Horakova e Hana Skalska, "BUSINESS INTELLIGENCE AND IMPLEMENTATION IN A SMALL ENTERPRISE", *Journal of Systems Integration,* pp. 50-62, 2013.

[46] Gartner, "A step-by-Step Approach to Successful Business Intelligence," 2011.

[47] Nelson Greg, "Introduction to the SAS® 9 Business Intelligence Platform: A Tutorial", em *SESUG proceeding.*

[48] Gregory S. Nelson, "Business Intelligence 2.0: Are we there yet?", *fórum global do SAS,* pp. 1-10, 2010.

[49] Tanya Elias, "Learning Analytics: Definitions, Processes and Potential", *Creative Commons Attributes: non commercial,* pp. 1-23, 2011.

[50] C. Blurton, "New diretions of ICT use in education", 2002.

[51] Eric G. Olson, "Creating an enterprise-level "green" strategy", *Journal of Business Strategy,* pp. 22-30, 2008.

[52] Ray M. Kekwaletswe, "Aligning Information Systems strategy with the Business Strategy in a South African Banking Environment", em *Actas da Conferência para a Investigação Aplicada em Sistemas de Informação,* Baltimore, Maryland, EUA, 2014, pp. 1-13.

[53] Rodrigo Martins, Fernando Ribeiro Serra, Andre da Silva Leite, Manuel Portugal Ferreira, e Dan Li, "Transactions Cost Theory influence in strategy research: A review through a bibliometric study in leading journals," *glob ADVANTAGE - Center of Research in International Business & Strategy,* pp. 1-29, 2010.

[54] IISD, "Estratégia empresarial para o desenvolvimento sustentável: Leadership and accontability for the 90's", em *Business Strategy for Sustainable Development: Leadership and accontability for the 90's", em Business Strategy for Sustainable Development: Leadership and accontability for the 90's:* Instituto Internacional para o Desenvolvimento Sustentável: Delloite and Touche and the Wrld business council for sustainable development, 1992, pp. 1-19.

[55] Robert Grant, *contemporary Strategy Analysis:* John Wiley &

Sons Ltd, 1991.

[56] Gartner, "Magic Quadrant for Business Intelligence and", 2014.

[57] IBM Software Group, "Introducction to business Intelligence", 2007.

[58] Jennifer Jordan e Sydney Finkelstein, "The Ethics of Competitive Intelligence", *Tuck School of Business at Dartmouth*, pp. 1-9, 2005.

[59] JAYANTHI RANJAN, "BUSINESS INTELLIGENCE: CONCEITOS, COMPONENTES, TÉCNICAS E BENEFÍCIOS", *Journal of Theoretical and Applied Information Technology,* pp. 60-70, 2009.

MIX
Papier aus verantwortungsvollen Quellen
Paper from responsible sources
FSC® C105338

Printed by Books on Demand GmbH, Norderstedt / Germany